董上德 著

世说魏晋名士

东晋名士卷

四川人民出版社

图书在版编目（CIP）数据

世说魏晋名士. 东晋名士卷 / 董上德著. —— 成都：
四川人民出版社，2024.1
ISBN 978-7-220-13414-2

Ⅰ. ①世… Ⅱ. ①董… Ⅲ. ①名人—生平事迹—中国
—东晋时代 Ⅳ. ①K820.35

中国国家版本馆CIP数据核字（2023）第150408号

SHISHUO WEIJIN MINGSHI：DONGJIN MINGSHI JUAN

世说魏晋名士：东晋名士卷

董上德　著

出 版 人	黄立新
策划统筹	李淑云
责任编辑	李淑云　朱雯馨
内文插图	丁小方
版式设计	戴雨虹
封面设计	张　科
责任校对	李京京
责任印制	周　奇

出版发行	四川人民出版社（成都市三色路238号）
网　　址	http://www.scpph.com
E-mail	scrmcbs@sina.com
新浪微博	@ 四川人民出版社
微信公众号	四川人民出版社
发行部业务电话	（028）86361653　86361656
防盗版举报电话	（028）86361661
照　　排	四川胜翔数码印务设计有限公司
印　　刷	四川华龙印务有限公司
成品尺寸	155mm×230mm
印　　张	12.5
字　　数	145 千
版　　次	2024 年 1 月第 1 版
印　　次	2024 年 1 月第 1 次印刷
书　　号	ISBN 978-7-220-13414-2
定　　价	69.00 元

目录

东晋名士

东晋名士

　　东晋名士甚多，限于篇幅，难以全部选入。而东晋历史，向来"王谢"并称，均为门阀。门阀政治是这一历史阶段的独特政治形态，有鉴于此，兹以"王谢"为中心，选入王敦、王导、王羲之（附王徽之、王献之）、谢安（附谢玄、谢灵运）诸人在《世说新语》里的主要故事。如此编选，希望便于读者关注"王谢"两大门阀的政治活动和日常生活，借此进入东晋历史的具体语境。

　　田余庆先生曾经指出："东晋所见士族，其最高层级所谓门阀士族中的当权门户，以其执政先后言之，有琅邪王氏、颍川庾氏、谯国桓氏、陈郡谢氏、太原王氏五族。"（田余庆著《东晋门阀政治》，北京大学出版社，2012年，第316页）本书选入的王敦、王导、王羲之等，属于琅邪王氏；而谢安、谢玄等，则属于陈郡谢氏。前者有旧族渊源关系，后者却是魏晋新出门户，各有一定的代表性。

　　《资治通鉴》卷九一概述东晋政权的建立："帝（晋元帝司

马睿）之始镇江东也，（王）敦与从弟（王）导同心翼戴，帝亦推心任之。敦总征讨，导专机政，群从子弟布列显要，时人为之语曰：'王与马，共天下。'"（中华书局，2007年，第1078—1079页）这一政权，是合力的产物，即司马睿的皇族血统加上王敦、王导的强劲扶持，二者形成合力。缺了前者，政权就没了名分；缺了后者，政权就少了骨架。后者是硬件，前者是软件，相互配合，方能有效运作。琅邪王氏于是得以在东晋的政治舞台上起着极为特殊的作用。

至于陈郡谢氏的兴起，不能忽视一个历史环节，即当王敦意图谋反之际，其身边有一位出身于陈郡谢氏的谢鲲（中朝名士之一）。他本是王敦的亲随，可在大是大非上守住了为臣的底线，多方劝阻王敦，苦口婆心想说动王敦回归朝廷，在"选边站"的问题上，谢鲲站在了晋元帝司马睿一边，因而得到司马氏的信任。尽管他卒于东晋初年，但是，其后人如儿子谢尚，族人如谢奕、谢万、谢安、谢玄等均在东晋皇朝先后出任要职，追本溯源，谢鲲当年在关键时刻的忠心无疑对诸谢日后的起用具有无形的影响。

尽管东晋历史上有王（琅邪）、庾、桓、谢、王（太原）五个门阀士族先后执政，但是"王谢"并称已经进入常识范畴，唐刘禹锡的名句"旧时王谢堂前燕"脍炙人口，"王谢"已经成为东晋最显赫的权贵的代称。具体而言，王氏与谢氏各有家族史，一在山东，一在河南；后来南渡，寄居江东，王氏与齐鲁文化，谢氏与河洛文化，却又不得不分别与江南文化相融合，南北互补，相得益彰。王氏与谢氏的族人，从王敦、王导到王羲之、王徽之、王献之，从谢安到谢玄、谢灵运，他们各有故事，个性纷呈，得失不一。这一批东晋名士自成格局，可与正始名士、竹林名士和中朝名士并列。

东晋的"王谢"，既是北方的，又是南方的，更是南北合流的产物。这一切，成就了他们与众多西晋名士不一样的特性。他们之间在南北合流的过程中不期然而产生的某些方面（如政治态度、家族利益、价值取向等）的动态错位，甚至是意想不到的家族矛盾等，可能更有历史价值和文学意味。

同时，阅读"王谢"的故事，自然会接触到他们与之交往的对象，如周顗、温峤、庾亮、祖逖、桓温、顾和、王舒、王述、王坦之、王濛、殷浩、支道林、戴逵等；这一批人物，也可同入东晋名士之列。

一 王敦

王敦（266—324），字处仲，东晋大臣，琅邪临沂（今山东临沂）人。其父王基，是王导的从父。

王敦从小有异于常人，被视为奇人。得到晋武帝司马炎的器重，王敦与晋武帝之女襄城公主成婚，拜驸马都尉，除太子舍人，这是王敦在西晋年间的政治基础，可谓起点甚高。

八王之乱期间，赵王司马伦篡位，幽禁晋惠帝；当时，王敦叔父王彦为兖州刺史，王敦力劝王彦起兵反赵王；晋惠帝复位后，王彦立下大功，王敦也随之升迁，巩固了自己的政治地位。

及后，东海王司马越得势，王敦得到司马越的重用，出为扬州刺史。有人劝司马越不可如此用人，说："今树（王）处仲于江外，使其肆豪强之心，是见贼也。"（《晋书·王敦传》）但司马越不听。在晋朝，扬州是江外重地，扬州刺史地位特殊。王敦的政治地位和军事势力已经到了不可小觑的程度。

正因为如此，司马睿（即后来的晋元帝）在镇守江东时，鉴于自己"威名未著"，不得不借重于王敦以及王导。琅邪王氏在江东成为相当重要的一种政治存在。

西晋彻底灭亡，"中朝"不复存在，人在江东的司马睿被拥立为晋元帝，是为东晋的开始。司马睿知道自己的权力基础薄弱，在有赖于王敦、王导扶持的同时，暗自培植亲信，稳定局面，伺机巩固属于自己的权势。于是，备受晋元帝重用和信任的刘隗和刁协进入人们的视野，而刘、刁二人均趁机劝说晋元帝疏离王氏，有意摆脱"王与马，共天下"的窘境。晋元帝自有盘算，王敦敏锐感受到被排挤的危机，加以自己有晋武帝女婿的身份，属于皇室的外戚，而司马睿如何一步一步转身为晋元帝，王敦也是心中有数。故此，在自认为处境日益恶化的情形之下，王敦的不臣之心愈益膨胀，并一发不可收拾，终于走上与司马氏严重对抗的道路，先后两次举兵，进犯京师；却在晋元帝驾崩之后、晋明帝太宁二年病死军中，明帝亦于次年病亡。

《晋书·王敦传》说王敦"性简脱，有鉴裁，学通《左氏》，口不言财利，尤好清谈，时人莫知，唯族兄（王）戎异之"。显然，王敦受到清谈之风的影响，其两位族兄王戎和王衍又同是玄学名家，故其"尤好清谈"可视为家学。至于"口不言财利"的举止，则更像将钱说成"阿堵物"的王衍。

1 > 潘阳仲①见王敦小时，谓曰："君蜂目②已露，但豺声③未振耳。必能食人，亦当为人所食。"（识鉴6）

释义

①潘阳仲：即潘滔，字阳仲，西晋荥阳（今河南荥阳）人，是文学家潘尼之侄，官至河南尹。

②蜂目：如胡蜂（马蜂）一样的目光，形容凶狠。

③豺声：声音如豺狼。古人以"蜂目而豺声"形容其人性格残忍。

释读

潘滔见到小时候的王敦，对他说："如今，你已经露出如胡蜂一般的目光，只是尚未变声，话音还不至于像豺狼一样。你是可以将人吃掉的，但可能也会被人吃掉。"

"必能食人，亦当为人所食"，是汉代人对王莽的判断，见《汉书·王莽传》。潘滔只是引用而已。据说，王莽的长相是"鸱目虎吻"，而话音如"豺狼之声"。换言之，王敦在这些方面都与王莽相近。

观相貌，听语音，是汉代以来流传的识鉴之术的基本做法。潘滔大概是懂得此道的，又读过《汉书·王莽传》，想起了汉代人关于王莽的说法，移来评判王敦。

以王敦日后的行事作风和不少恶劣行径看，潘滔所言不虚。

2 ▸ 王敦初尚主①。如厕，见漆箱盛干枣，本以塞鼻，王谓厕上亦下果②，食遂至尽。既还③，婢擎金澡盘盛水，琉璃碗盛澡豆④，因倒著水中⑤而饮之⑥，谓是干饭⑦。群婢莫不掩口而笑之。（纰漏1）

‖ 释义

①尚主：高攀皇室，与公主成亲。尚，与地位高的人结亲。

②下果：摆设果子。

③既还：回到新房。

④澡豆：豆状的洗手用品。

⑤倒著（zhuó）水中：意为将澡豆倒进水里。著，通"着"。

⑥饮之：此处指吞服。

⑦干饭：王敦以为澡豆就是干饭（晒干了的饭粒），故而要冲水服用。此处王敦所说"干饭"是"干饭的吃法"的省略语。

‖ 释读

王敦高攀皇室，刚刚与晋武帝女儿襄城公主成亲。上厕所时，见到厕所里有一个华美的漆箱，内放干枣，本来这些干枣是用来塞鼻子的，王敦不明所以，以为厕所还摆设着果子，于是将干枣统统吃光了。返回新房，婢女端着金澡盘等候，盘里有水，另有琉璃碗，盛着豆状的洗手用品，时称"澡豆"。王敦以为澡豆可吃，顺手将澡豆倒进水中服食。看见婢女惊讶的样子，王敦马上解释：这是干饭的吃法。那一群贴身侍候的婢女无不掩口而笑。

这是新婚之夜王敦的糗事。文中的一个"初"字最是值得注意。

刘孝标注称："（王）敦尚武帝女舞阳公主，字修祎。"而《晋书·王敦传》说是"尚武帝女襄城公主"。我们依从后者。

这段文字，最难理解的是"干饭"二字。且看学者们的翻译。有的译作"王就把澡豆倒在水里给吃了，认为是干饭"（张万起等《世说新语译注》，中华书局，2009年，第927页）；有的译作"他于是就把澡豆倒进水中喝了下去，还认为这些是干粮"（朱碧莲《世说新语详解》，上海古籍出版社，2013年，第605页）；有的译作"王敦便把澡豆倒入水里吃起来，说是'干饭'"（毛德富等译《世说新语》，中州古籍出版社，2017年，第433页）；有的译作"王敦便把澡豆倒入水里喝了，以为是稠稀饭"（董志翘等《世说新语笺注》，江苏人民出版社，2019年，第1040页）。王敦是何许人，怎么会在将澡豆倒入水中服食之后说是吃"干饭""干粮"或是"稠稀饭"呢？他哪里会傻到这种程度？

《释名·释饮食》："干饭，饭而暴干之也。"《后汉书·范冉传》："干饭寒水，饮食之物。"均指干饭是晒干了的米饭，必须用水浸泡才能服食。显然，王敦看到婢女们不解的神情，才为自己的举动辩解，说干饭其实是"干饭的吃法"的省略语。既然是干饭，不用水来服食，怎么吃？王敦的"干饭"二字还有及时回击婢女们的那种惊讶神情的意思：有什么好惊讶的，你们才不懂呢！

王敦自视甚高，且熟习军事，将士行军，是随身携带干饭的；他见到澡豆而联想到干饭，除了新婚之际多喝了几杯之外，跟他对军旅生活的了解也有关系。说不定，吃干枣，是为了解酒；误认干饭，是醉眼蒙眬、酒气上升所致。王敦这丑虽出得离奇，但也不宜视之为傻乎乎。固然，他尚未熟悉皇家厕所的气派，当是原因之一。

3 王大将军①年少时，旧有田舍名②，语音亦楚③。武帝④唤时贤共言伎艺事。人皆多有所知，唯王都无所关⑤，意色殊恶⑥，自言知打鼓吹⑦。帝令取鼓与之，于坐振袖而起，扬槌奋击，音节谐捷⑧，神气豪上，旁若无人。举坐叹其雄爽。（豪爽1）

|| **释义**

①王大将军：即王敦，曾任大将军，故称。

②旧有田舍名：意为很早以前就有"乡巴佬"的俗名。田舍，指土里土气。

③楚：本指不开化的楚地，转义为粗鄙不雅。

④武帝：即晋武帝司马炎，西晋的开国皇帝。

⑤都无所关：指王敦对于伎艺之事无所关心。

⑥意色殊恶：脸色神态特别难看。

⑦鼓吹：军乐名，演奏的乐器以鼓、箫等为主。

⑧音节谐捷：音节铿锵，鼓点准确。

|| **释读**

王敦年少的时候，早已有"乡巴佬"的俗名，说话也是粗鄙不雅的。有一次，晋武帝司马炎召集当时的一批才俊之士，一起谈论各种伎艺表演。很多人都显得在行，懂得的伎艺不少。唯独王敦对于伎艺之事无所关心，听别人说得头头是道，不免自惭形秽，脸色神态特别难看，却也不服输，声称自己会"打鼓吹"。晋武帝于是命人抬上鼓来，交与王敦表演。只见王敦坐在鼓旁，振袖而起，扬槌奋击，音节铿锵，鼓点准确，神气豪迈，旁若无人。在座的人无一不惊叹其雄豪爽朗的鼓风。

《晋书·王敦传》亦记此事，文字基本相同，可知取材于《世说新语》，只是"自言知打鼓吹"一句，改作"自言知击鼓"。所谓"打鼓吹"，当指参与演奏鼓吹乐（军乐），有人司鼓，有人吹箫，等等，而王敦主要是会打鼓。故《晋书》的编写者干脆将"打鼓吹"改为"击鼓"。

王敦为人粗豪，是没有问题的。可说他从小就有"田舍名"，且"语音亦楚"，未可尽信。

《晋书·王敦传》说他"雅尚清谈，口不言财色"，其篇末又说"口不言财利，尤好清谈"，这样的文字前后出现，不避重复，所要强调的是王敦毕竟是名士，与同为名士的王衍等有其相似之处，怎么会像是一个乡巴佬呢？其父亲王基"治书侍御史"，王敦从小就有良好的家庭教育；何况，王敦本人"少有奇人之目"，一定有其与众不同的魅力，晋武帝才会看上他，将女儿襄城公主嫁给他。故此，难以想象王敦是一个土里土气、有如"田舍郎"一般的人。魏晋时讲究门阀名望，琅邪王氏注重教育，有目共睹，王敦在此家庭和家族的氛围里长大，说他"旧有田舍名"起码是一种词不达意的表述。

《世说新语》豪爽门第三则写道："王大将军自目：'高朗疏率，学通《左氏》。'"可见，王敦毕竟也是读书人出身，而且，对于自己的学问颇为自负，声称将《左传》学通了。刘孝标注引《晋阳秋》曰："敦少称高率通朗，有鉴裁。"这才是王敦年少时的写照。

此外，《世说新语》豪爽门第四则写道："王处仲每酒后辄咏'老骥伏枥，志在千里。烈士暮年，壮心不已'。以如意打唾壶，壶口尽缺。"可见，王敦不仅熟读《左传》等书，也能够默诵曹操的诗作，说他"腹有诗书"是不为过的。

再者，王敦并非没有艺术细胞。他有很好的节奏感，听觉敏锐，"扬槌奋击，音节谐捷"，就很能说明问题。刘孝标注引某人的说法：有一次，王敦坐于武昌钓台，闻行船打鼓，俄而，一槌小异，敦以扇柄撞几曰："可恨！"意为这一小槌没有打准，遗憾了。旁人对他说："不然，此是回帆槌。"原来，此鼓音是示意"船入夹口"。这个故事也显示出王敦的听觉异常灵敏，一小槌鼓音出现微小的异常也能够听得出来，只不过这一回他没有意识到是回帆槌的特殊打法而已。

4〉王处仲世许高尚之目①，尝荒恣于色，体为之敝②。左右③谏之，处仲曰："吾乃不觉尔。如此者，甚易耳！"乃开后阁④，驱诸婢妾数十人出路，任其所之⑤。时人叹焉。（豪爽2）

||| **释义**

①世许高尚之目：世人称赞王敦，视之为高尚的人。

②荒恣于色，体为之敝：纵情女色，身体过度损耗。敝，消耗过度。

③左右：指王敦身边的幕僚。

④后阁（gé）：房屋（府邸）后面的小门或侧门。阁，小门，旁门。

⑤任其所之：任凭她们自寻归宿。之，往，到，用为动词。

||| **释读**

世人称许王敦，视之为高尚的人。可是，他曾极为好色，沉

迷肉欲，身体过度损耗。其身边的幕僚加以规劝，王敦说："我竟没有意识到问题如此严重。解决这个问题，容易得很！"于是，悄悄打开府邸后面的侧门，将自己的数十名婢女和侍妾放出，任凭她们自寻归宿。这一举动，得到当时人们的赞叹。

王敦的性格很复杂，负面的因素甚多，其中之一就是好色。他为了应付幕僚的规劝，一下子就放出了"婢妾数十人"，可知其府中蓄养女性之数颇为可观。

其实，王敦"驱诸婢妾数十人出路"，并不能够保证他不再挑选其他更为年轻的女子补其空缺。他自然有这样的权力和条件。他的驱遣的举动，做得比较低调，"乃开后阁"，让这一批女子从后门出走。可还是传开了，成为当时人们茶余饭后的一条八卦新闻。

"乃开后阁"一句，"阁"是关键词。此字《新华字典》（第11版）收作字头，释义为小门、旁门。但是，有的学者可能误读了，将"阁"改作"阁"，成"后阁"一词，解为"内室"，句子译作"于是打开后楼内室，打发了所有的几十个婢妾上路"（张万起等《世说新语译注》，中华书局，2009年，第575页）；有的译作"于是就打开后阁小楼，把几十个婢妾赶上路"（朱碧莲《世说新语详解》，上海古籍出版社，2013年，第394页）；有的译作"因此，打开后楼，把几十名婢妾放出来驱赶上路"（毛德富等译《世说新语》，中州古籍出版社，2017年，第270页）。此外，有的学者没有将"阁"改作"阁"，作"后阁"（这是对的），可是也解为"内室"（这是可以商榷的），译作"于是打开内室，把几十个婢妾都遣散出去"（董志翘等《世说新语笺注》，江苏人民出版社，2019年，第677页）。以上诸种理解，均未必贴合具体的情景。

　　我认为，"乃开后阁"就是打开府邸后面的侧门，让几十个婢妾悄然离开。这样似乎更为符合情理。又，《玉台新咏》卷一《古诗八首》之一有"新人从门入，故人从阁去"，可做旁证。

5 ＞ 石崇①每要客燕集②，常令美人行酒③，客饮酒不尽者，使黄门④交斩⑤美人。王丞相⑥与大将军⑦尝共诣⑧崇，丞相素不能饮，辄自勉强⑨，至于沉醉。每至大将军，固不饮⑩，以观其变。已斩三人，颜色如故，尚不肯饮。丞相让⑪之，大将军曰："自杀伊家人⑫，何预卿事⑬！"（汰侈1）

‖ **释义**

　　①石崇：字季伦，西晋渤海南皮（今河北南皮东北）人。伐吴有功，封安阳乡侯。为人极度奢侈，聚敛无度，成为一时巨富。官至荆州刺史。

　　②要客燕集：邀请客人饮宴。要，通"邀"；燕集，饮宴。

　　③行酒：劝酒。

　　④黄门：本指宦官，此指权豪府邸里的阉奴。石崇府中女子众多，豢养黄门，是一个值得注意的现象。

　　⑤交斩：轮流杀人。

　　⑥王丞相：即王导，曾任丞相，故称。

　　⑦大将军：即王敦，曾任大将军，故称。

　　⑧诣：拜访。

　　⑨辄自勉强：意为每当轮到自己的时候勉强自己把酒饮下（不忍美人被杀）。

　　⑩固不饮：执意不饮。固，固执。

⑪让：责让，责备。

⑫伊家人：他家的人。伊，代词，他。

⑬何预卿事：关你什么事。

‖ 释读

石崇每一次邀集客人饮宴，都要府中的美女劝酒，如果客人不把杯中酒喝干，就命阉奴轮流将劝酒无效的美女杀死。一次，王导与王敦一起去拜访石崇，王导向来不能饮酒，因为不忍心美女被杀，轮到自己时硬是勉强自己喝下去，直到酩酊大醉。每回轮到王敦，王敦执意不饮，就是想看看石崇有何动作。已经有三位美女被斩了，可王敦面不改色，像没发生什么事一样，还是不肯饮酒。王导看不过眼，责备了他一下，王敦生气地说："他杀自家人，关你什么事！"

《晋书·王敦传》也记载此事，但略有差异，即杀美女之事发生在当时的另一权豪王恺府中，而不是石崇。不管如何，王敦为人刻毒残忍，是事实。故而，《晋书·王敦传》记王导在此事之后回到家中的感慨："处仲若当世，心怀刚忍，非令终也。"换言之，这样的性格，就算让他当世即登上大位，也是会不得好死的。王敦于晋明帝太宁二年（324）正当再次举兵谋反时忽得重病死去，临死前不忘吩咐让他的养子王应即位做皇帝，狼子野心，至死不改，也可证王导所言不虚。

石崇死于晋惠帝永康元年（300），正是八王之乱各方势力此起彼伏之时。西晋权豪如石崇、王敦等，如此醉生梦死，禽兽不如，这样的皇朝焉能长久？

6 石崇厕，常有十余婢侍列，皆丽服藻饰。置甲煎粉①、沈香汁②之属，无不毕备。又与新衣着令出，客多羞不能如厕。王大将军往，脱故衣，着新衣，神色傲然。群婢相谓曰："此客必能作贼。"（汰侈2）

|| **释义**

①甲煎粉：即甲香，一种芳香软膏。
②沈（chén）香汁：即沉香洗剂。

|| **释读**

石崇府中的厕所，十分讲究，通常会有十多个侍婢环列，全都服色华美，穿戴艳丽。厕所里摆设着甲煎粉、沉香汁之类的芳香用品，应有尽有。另外，还有一个规矩：如厕之后，要将外衣换掉，出来时穿上新衣，客人多觉得不好意思而不敢上厕所。王敦到石崇家，无所顾忌，如厕后，大模大样地脱去旧衣，穿上新衣，表现出理所应当的样子，神色高傲。那些站立一旁的侍婢暗地议论："这个客人，将是乱臣贼子。"

王敦性情粗豪，且为人张扬傲慢，在当时的名士中可谓另类。他出身琅邪名门，又是皇家外戚，满脑子帝王想象，其谋反夺位之举，不是心血来潮，而是有着长期的心理积淀。上述故事，可见一斑。

连石崇家里的婢女也看出王敦是个野心家，换一个角度看，这个王敦真有气场。

7 石崇每与王敦入学戏①，见颜、原象②而叹曰："若与同升孔堂③，去人④何必有间⑤！"王曰："不知余人⑥云何，子贡⑦去卿差近。"石正色云："士当令身名俱泰⑧，何至以瓮牖语人⑨！"（汰侈10）

|| **释义**

①入学戏：进入太学游玩。学，太学；戏，游玩。

②见颜、原象：见到孔子弟子颜回、原宪的画像。二人均家境清贫。

③孔堂：孔子学堂。"同升孔堂"，意为一起到孔子的学堂做弟子。

④去人：与这些人（指颜回、原宪）相比。

⑤有间：产生差别。间，间距，差别。

⑥余人：其余的人。

⑦子贡：孔子弟子之一。家中富有。

⑧身名俱泰：意为身体和名声应以安泰为好（别的不必在意）。

⑨何至以瓮（wèng）牖（yǒu）语人：何必以自己家财的多少来跟人说呢。据说，原宪家贫，"蓬户不完，桑以为枢而瓮牖"（《庄子·让王》），即用破瓮做窗户。宋朝诗人邵雍《瓮牖吟》有"用盆为池，以瓮为牖"句。石崇话里的"瓮牖"代指家财，转义为"多少"（偏正结构，"瓮牖"一词偏于"少"）。瓮，一种盛水或酒的陶器；牖，窗户。

|| **释读**

石崇每每与王敦进入太学游玩，见到颜回、原宪的画像，

石崇就感叹道："如果我们早出生，跟颜回、原宪这些人在孔夫子的学堂里做同学，大家也就差不多，何必分彼此呢？"王敦说："不能这样讲，别的人不好说，子贡才是跟你差不多的呢。"石崇故作严肃、一本正经地回应道："我们士人，讲究的是身体和名声应以安泰为好，至于家财的多与寡，怎么好意思跟人家说呢？"

在孔子的弟子中，颜回、原宪是清贫的，而子贡是富有的。这些弟子家境不同，自然就有分别。石崇是富可敌国之人，却又十分矫情，觉得自己也跟颜回、原宪差不多，不是比家财，而是比人品，他自以为不会比颜回、原宪差多少，所以才会说"若与同升孔堂，去人何必有间"。颜回、原宪是以品德高尚著称的，石崇恬不知耻，竟然在王敦面前将自己比作颜回、原宪。而王敦不是蠢人，觉得石崇这样说实在不伦不类，他石崇如此富有，怎么可以把自己说成是穷得叮当响的颜回、原宪呢？这不是很滑稽吗？于是，王敦半开玩笑，大意是说：你别逗了，子贡"家累千金"，号称孔门弟子中的"首富"，说子贡跟你一样，还差不多。石崇听出弦外之音，知道王敦不同意自己比作颜回、原宪，就板起脸孔说话，说得冠冕堂皇，大意是说：士人不讲究家财的多或少，一讲就俗，应该讲身体康泰、名声不坏，你看，原宪什么时候跟人家说过自己"以瓮为牖"的呢？一副好像很清高的口吻。

联系到著名清谈家王衍口不言钱，甚至以"阿堵物"来代指，可知，庸俗不堪的石崇也是有样学样，以清高自许，甚为滑稽可笑。

石崇生于魏齐王正始十年（249），王敦生于晋武帝泰始二年（266），二人的年龄相差较大。王敦当面顶撞石崇，也算是年轻气盛。二人的言谈，构成了一个错位的场面，一个骄矜无耻、假模假样，一个快嘴快舌、词锋锐利；太学的殿堂、先贤的画像、有趣的对话，组合成一个意义空间，有戏剧性张力，也有耐人咀嚼的小说意味。

8 王大将军在西朝①时，见周侯②辄扇障面不得住③。后渡江左④，不能复尔⑤。王叹曰："不知我进，伯仁退？"（品藻12）

‖ **释义**

①西朝：西晋时期。与东晋相对而言。

②周侯：即周颛，字伯仁，少有重名，刚正不阿，为人粗豪，不可亵渎。西晋时袭封武城侯，累迁尚书吏部郎；东晋初年，为晋元帝所信任，官至尚书左仆射。

③扇障面不得住：以扇子遮住面部不敢移开。不得住，指王敦在见到周颛的时候一直用扇子遮住面部。住，停下来，收起来。

④江左：又称江东。古代以东为"左"，以西为"右"。江左，指长江下游南岸东部地区。

⑤不能复尔：意为不再像以前那样以扇子遮面了。

‖ **释读**

王敦在西晋时，很怕见到周颛，一见到，就马上以扇子遮住面部不敢移开。可是，后来南渡，到了江南地区，就不再见王敦怕周颛了，不再像以前那样以扇子遮面了。王敦不无得意地感叹："不知道是我进步了，还是伯仁退步了呢？"

刘孝标注引沈约《晋书》曰："周顗，王敦素惮之，见辄面热，虽复腊月，亦扇面不休，其惮如此。"这是描写西晋时王敦见周顗老鼠怕猫似的情景，哪怕是寒冬腊月，王敦见到周顗就会脸红耳热，手不离扇子。这或许有些夸张。刘孝标对此很是怀疑，加注写道："（王）敦性强梁，自少及长，季伦（石崇）斩妓，曾无异色，若斯傲狠，岂惮于周顗乎？其言不然也。"换言之，刘孝标指出，王敦性格蛮横，为人残暴，并非胆小之人，连杀人场面也不怕，怎么会怕一个周顗呢？因而认为这个传闻不可信。

然而，余嘉锡先生有不同看法："周侯之丰采，必有使王敦自然慑服之处，见辄障面，不可谓必无其事也。"（《世说新语笺疏》，中华书局，2011年，第447页）。

据《晋书·周顗传》，可知周顗喜欢骂人，喝醉酒是常态，甚至"略无醒日"，于是，"颇以酒失"，即经常在酒后出状况，厉声痛骂，"荒醉失仪"，是家常便饭。不要说是王敦，就是在皇帝的宴席上，周顗也敢于借着酒疯顶撞皇帝。故此，余嘉锡先生的说法不无道理。而刘孝标的意见未免书生气了。

其实，王敦"见周侯辄扇障面不得住"，不见得一定是真怕周顗，是因为周顗醉酒闹事，故以扇子遮面，当作没看见，多一事不如少一事，这或许是王敦比较世故的表现。再者，周顗毕竟是一个人物，人家"少有重名"，二十岁就袭封武城侯，他到底是安东将军周浚之子；而西晋时期的王敦，还没有周顗这样的权势，还没有跟司马睿（后来的晋元帝）结为权力同盟，他多少有点忌惮周顗，也是可以理解的。

至于南渡之后，情况有所变化，王敦、王导与司马睿号称"管鲍之交"，王敦权势大增，见到周顗，说不定可以昂首而过。此时的王敦，已经今非昔比了。且看王敦所言："不知我进，伯仁退？"骄横之态，已然显露。

相当诡异的是，早年见周颉而以扇子遮面的王敦，竟然是杀死周颉的刽子手。这两位人物的人生故事，充满了令人目眩的戏剧张力。

9 王大将军《与元皇表》①云："舒②风概简正③，允④作雅人⑤，自多于邃⑥。最是臣少所知拔。中间⑦夷甫、澄⑧见语：'卿知处明、茂弘⑨。茂弘已有令名⑩，真副卿清论⑪；处明亲疏无知之者；吾常以卿言为意，殊未有得，恐已悔之。'臣慨然曰：'君以此试，顷来始乃有称之者。'言常人正自患知之使过，不知使负实。"（赏誉46）

|| **释义**

①《与元皇表》：这是王敦上奏晋元帝的一份表章。大意是向皇帝举荐其族弟王舒。

②舒：即王舒（266?—333），字处明，王敦族弟，王导从弟。早年不如王导出名，潜心学问，不求显达；王敦出任青州刺史，王舒这才依附王敦进入官场。但在政治立场上与王敦有别，为人正直，在平定王敦之乱和苏峻之乱中均立下大功。

③风概简正：意为其风度节概可用简朴端正来形容。

④允：公平得当。

⑤雅人：高雅之人。

⑥自多于邃：自是优胜于王邃。多，超过，胜过。王邃，字处重，王舒之弟。

⑦中间：期间。

⑧夷甫、澄：分别指王衍（字夷甫）、王澄（字平子）两兄弟。他们与王敦同宗。

⑨处明、茂弘：分别指王舒（字处明）、王导（字茂弘）。他们都是王敦器重的人。而王导出名早，王舒出名较晚。

⑩令名：美名，美誉。

⑪真副卿清论：真正与你的清雅之论相符。副，相符，相称。

释读

王敦《与元皇表》写道："（王）舒的风度节概可用简朴端正来形容，公允地说这是一位高雅之人，自是优胜于其弟王邃。臣很早就格外有心识拔王舒了。期间，王衍、王澄都跟我说：'你是深知处明和茂弘的。茂弘已经有美誉，真正与你的清雅之论相符；可是，处明在亲戚朋友间没有人知道他好在哪里。我也常常记取你的高论去观察他，可绝对不如你所说的那样。你是否已经后悔判断错了呢？'臣慨然回应道：'你以我的判断再看看，王舒近来开始呈现出与我的评断相称的表现了。'这是说，一般人会担心某种美誉言过其实，可不知道有时某种好评还够不上人家实际上的好呢。"

王敦十分看好王舒，哪怕王舒的好的表现迟迟不显，可他相信自己的眼光，纵是王衍、王澄质疑，王敦还是相当自信，劝他们继续观察，说王舒的好已经开始显露了，暗示以后会越来越好，恐怕他的好评还不足以说明王舒的全部美德。

王舒，是王导的从弟，是王敦的同宗族弟。事实证明，王敦其人尽管有很多卑劣之处，但他认定王舒"最是臣少所知拔"的对象，是准确的，并非过誉。

据《晋书·王舒传》，王舒有一个特点，是不求闻达，不慕显贵，"以天下多故，不营当时名，恒处私门，潜心学植。年四十余，州礼命，太傅辟，皆不就"。换言之，王舒年过四十，还是没有什么名望，别人就以为王舒不怎么样，王敦老是说他如何如何好，是言过其实，不靠谱的。王舒属于那种不张扬、有底气、淡定从容的人，可是，真正做起事来，有板有眼，能力十足，意志坚定，绝不苟且。他不会因为王敦赞美过他，就对在王敦叛乱失败后乞求活命的王敦亲兄王含手下留情，"及（王）敦败，王含父子俱奔（王）舒，舒遣军逆之，并沉于江"。王含父子也是叛国之贼，王舒对他们的处置决不手软。

王舒的儿子王允之在王敦手下做事，不意听到王敦与钱凤密议谋反之事，他假装喝醉，神志不清，呕吐不止，躲过了猜疑，然后悄然告知父亲王舒。王舒也不会因为王敦赞美过他而隐匿不报，而是及时与王导通气，一起到晋明帝面前禀报，使得朝廷早做应对。晋明帝平定王敦之乱，王舒父子功不可没（《晋书·王允之传》）。还有，在苏峻之乱期间，王舒及儿子王允之出生入死，保卫朝廷，与叛军恶战，平定之后，王舒"以功封彭泽县侯"。以上这一切，都说明王舒其人，绝对优秀，王敦一点儿都没有看错。他所说的"常人正自患知之使过，不知使负实"，可谓诚哉斯言！

但是，话说回来，王敦还是真的看错了，他错以为王舒会成为他的人，立心栽培，刻意识拔（据《晋书·王舒传》，在晋明帝时代，王敦再一次上表举荐王舒），可王舒是非分明，嫉恶如仇，不与乱臣贼子为伍，哪怕他是王敦，也不讲情面，坚定维护君臣大义，而且敢于出手，大义灭亲。王敦在黄泉之下"恐已悔之"，大概是免不了的吧？

10 王大将军与丞相书，称①杨朗②曰："世彦识器理致③，才隐明断④，既为国器⑤，且是杨侯淮⑥之子。位望⑦殊为陵迟⑧，卿亦足与之处⑨。"（赏誉58）

||| **释义**

①称：称赞。

②杨朗：字世彦。是杨修曾孙，杨准（《世说新语》误作"杨淮"）之子。

③识器理致：见识宏远，条理清晰。

④才隐明断：才学渊博，明于决断。隐，意为深不可测。

⑤国器：栋梁之材。

⑥杨侯淮：杨朗之父杨准，字始立。"淮"是"准"字之误（参见《三国志·魏书·陈思王植传》注引《世说》）。侯，古时士大夫之间的尊称，与"君"略同。

⑦位望：职位与名望。

⑧陵迟：本义为衰落，此处转义为悬殊（落差大）。

⑨足与之处：值得好好为他安排一下。足，值得；处，处置，安排。

||| **释读**

王敦写信给王导，称赞杨朗道："世彦见识宏远，条理清晰；才学渊博，明于决断。既是栋梁之材，又是杨准之子。他职位不高，名望不低，二者极不相称，却也值得你好好为他安

排一下。"

王敦看好杨朗，为杨朗之"位望殊为陵迟"抱不平。当时杨朗的"位"到底低到什么程度，我们不得而知，可其"望"是明摆着的；王敦绝非泛泛之辈，他说杨朗"识器理致，才隐明断"，这就是杨朗的"望"，何况王敦还说杨朗是"国器"，这些用词均出自身为大将军的王敦之口，非同一般。我们不能将"位望"看作一个词，它们是两个互相对举的词。杨朗"望高"而"位卑"，这才是"位望殊为陵迟"所要表达的意思。

有的学者将"位望殊为陵迟，卿亦足与之处"译作"他的官位和声望却相当低微，你可以和他交往"（张万起等《世说新语译注》，中华书局，2009年，第418页）；有的译作"可是他的地位名望却过于衰落不振，你也是值得与他交往的"（朱碧莲《世说新语详解》，上海古籍出版社，2013年，第289页）；有的译作"可地位和名望很是衰落，你也值得和他相处"（董志翘等《世说新语笺注》，江苏人民出版社，2019年，第511页）。这样理解，就不明白王敦写信给王导的用意了。

难道王敦写这封信仅仅是为了将"位望殊为陵迟"的杨朗介绍给王导认识并与之交往吗？显然不是。杨朗的"位"与"望"不相称，王敦要王导利用职务之便给杨朗安排安排，这才是"卿亦足与之处"的意思。换言之，杨朗这么优秀，你给他安排一个更好的职位，是值得去做的，这是因公而不是因私，否则，何必说"卿亦足与之处"呢？仅仅是介绍认识，只说"卿亦可与之处"就够了。正因为有一个"足"字，才突出了值得不值得的问题。据《晋书·王导传》记载，"晋国既建，以（王）导为丞相军谘祭酒"；"及帝登尊号，百官陪列，命（王）导升御床共坐"，王导的地位何其崇高，他需要跟杨朗认识吗？如果不是有所求，王敦不必将"位望殊为陵迟"的杨朗介绍给朝廷地位极为特殊的王导去交往；如果王敦不是自以为出以公心，也就不会为了职位卑下的杨朗去特意写这一封《与丞相书》。明白了王导地位高到什么程度，才好理解"卿亦足与之处"的"处"，不是"相处"，而是"处置"，即安排职位。

"他职位不高，名望不低，二者极不相称，却也值得你好好为他安排一下"，王敦说这样的话，说明他是爱才的，也是有眼力的。杨朗在王敦之乱后，刚好遇到晋明帝驾崩，免予处分，还得到新皇帝（晋成帝）的器重，做出了一番事业，尤其是提拔了一批青年才俊（可参看《世说新语》识鉴门第十三则）。我们不知道王敦写出《与丞相书》之后有何成效，但是，可以知道的是，王敦当年没有看走眼，他看好的杨朗终于成为国器。这与他盛赞过的王舒终成国家功臣是相似的，可谓无独有偶。这在王敦的生命史上算是一点亮色了。

11▸ 王大将军当下①，时咸谓无缘②尔。伯仁③曰："今主非尧、舜，何能无过？且人臣安得称兵以向朝廷？处仲狼抗④刚愎，王平子⑤何在？"（方正31）

‖ **释义**

①当下：准备举兵进犯长江下游（东晋都城建康即今南京所在地）。下，此处特指沿长江顺流而下。

②无缘：指没有缘故、理由。

③伯仁：即周顗。

④狼抗：蛮横自负，目中无人。

⑤王平子：即王澄，王衍亲弟。与王敦结怨，矛盾加剧，终为王敦所杀。"王平子何在"句，意为能够像王澄那样反抗王敦的人在哪里。

释读

王敦驻守武昌，准备沿着长江往下游进犯，直逼都城建康。当时，人们都说王敦攻打建康是毫无理由的。周顗发言抨击道："如今主上并非尧、舜，怎么可能没有一点过失呢？再说，身为人臣，怎么可以动不动就举兵进犯朝廷呢？处仲蛮横自负，目中无人，刚愎自用，执迷不悟，像当日王平子那样反抗他的人在哪里呢？"

《资治通鉴》卷九二记载，晋元帝永昌元年（322），王敦举兵于武昌，以"清君侧"为借口，要"进军致讨"晋元帝身边的刘隗，说刘隗"佞邪谗贼，威福自由，妄兴事役，劳扰士民，赋役烦重，怨声盈路"。王敦此举，引发晋元帝大怒，表示"是可忍也，孰不可忍"。周顗抨击王敦的话，一方面是要维护晋元帝的权威，一方面是要以严厉的措辞谴责王敦的狼子野心。

据《晋书·王澄传》，王澄"夙有盛名，出于（王）敦右，士庶莫不倾慕之。兼勇力绝人，素为敦所惮"，这是王澄与王敦结怨的某种原因。换言之，王澄与王敦的矛盾无关正义，纯属私怨，二人相互猜忌，互不服气，导致矛盾无法调解。一次，两人狭路相逢，王敦凶相毕露，王澄"持铁马鞭为卫"，王敦一下子难以下手；这就是所谓敢于跟王敦对抗的王平子。不过，王敦还是借机令大力士路戎将王澄杀掉。而上文里周顗"处仲狼抗刚愎，王平子何在"一句，只不过是在气头上，希望有人如王澄那样勇于跟王敦叫板，压一压王敦的气焰，如此而已。王澄死于晋怀帝永嘉六年（312），距离王敦进犯建康已经整整过了十年。

在接连出现的谋反行动中，王敦肆无忌惮，凶残成性，刚正不阿的周颛最后死于王敦之手，令人痛惜。

12 ▷ 王敦既下①，住船石头②，欲有废明帝③意。宾客盈坐，敦知帝聪明，欲以不孝废之。每言帝不孝之状，而皆云"温太真④所说。温尝为东宫率⑤，后为吾司马⑥，甚悉之⑦"。须臾，温来，敦便奋其威容⑧，问温曰："皇太子作人何似？"温曰："小人无以测君子。"敦声色并厉，欲以威力使从己，乃重问温："太子何以称佳？"温曰："钩深致远⑨，盖非浅识所测。然以礼侍亲，可称为孝。"（方正32）

‖ **释义**

①既下：意为已经抵达位于长江下游的建康。

②住船石头：军船在石头城河岸边停泊。石头，即石头城，故址在今南京石头山后。此为攻守建康的必争之地。住船石头，意味着王敦军队已然兵临城下。

③明帝：即晋明帝司马绍（299—325），晋元帝司马睿之子。以孝出名。曾亲自率军大破王敦叛军。在位仅三年而崩（323—325）。

④温太真：即温峤（288—329），字太真，本属刘琨将领，后奉刘琨之命南渡，拥戴司马睿（晋元帝）。王敦叛乱，曾率军与王敦开战。

⑤东宫率：太子属官，专责护卫太子。

⑥司马：官名，高级武官的属官，参与军事谋划。

⑦甚悉之：相当熟悉情况。

⑧奋其威容：顿时抖动威严气色。

⑨钩深致远：意为学问精微，功力深厚。语出《易·系辞》上："探赜索隐，钩深致远。"

释读

王敦的军队已经抵达位于长江下游的建康，军船在石头城河岸边停泊，已然形成兵临城下之势。王敦企图将在位时间不长的晋明帝废掉。当时，坐满了宾客，王敦知道晋明帝聪明异常，想不出别的名堂，就打算以不孝的罪名废他。于是，故意生造晋明帝不孝的情状，每说一件，都说是"温太真讲给我听的。温曾经任东宫率，负责太子的护卫，后来才做了我的司马，他对太子的举动相当熟悉"。不一会儿，温峤来了，王敦顿时抖动起威严的气色，问道："皇太子的为人是怎么样的？"温峤说："我本小人，皇太子是君子，小人难以测度君子。"王敦见状，恼羞成怒，声色俱厉，想以威严之势强迫温峤编造谎言，于是再一次问："凭什么说皇太子是好人呢？"温峤回应道："皇太子学问精微，功力深厚，这就不是我这等浅薄之人所能够说长论短的。至于说在侍奉双亲方面，皇太子谨守礼节，一丝不苟，称之为孝子可是恰如其分的。"

刘孝标注引刘谦之《晋纪》曰："（王）敦欲废明帝，言于众曰：'太子子道有亏，温司马昔在东宫悉其事。'（温）峤既正言，敦忿而愧焉。"所谓"子道有亏"指司马绍在做太子期间有不孝的行为。这显然是王敦编造、诽谤之词，却要让温峤来背锅。温峤及时严肃更正，使得王敦一时下不了台；刘谦之《晋纪》所记王敦"忿而愧焉",可以视为弥补了《世说新语》文本的不足,刻画出王敦恶语伤人而口说无凭的狼狈相。

王敦眼中没有晋元帝司马睿,更是瞧不起晋明帝司马绍。王敦的底气有两个来源,一个是他晋武帝女婿的身份,好歹也是皇家的外戚;一个是他永远记得晋元帝司马睿早年的一句话:"吾与卿(王敦)及茂弘(王导)当管鲍之交。"王敦在司马睿做了皇帝之后上疏指出:"臣忝外任,渐冉十载,训诱之诲,日有所忘;至于斯命(指上引'吾与卿'句),铭之于心,窃犹眷眷,谓前恩不得一朝而尽。"(《晋书·王敦传》)说白了,大家本来无分彼此,识于微时,"管鲍之交"云云就是"王与马,共天下"的另一种说法而已。所谓"前恩不得一朝而尽",已经带有威胁口吻,王敦的不臣之心隐含其中。

"管鲍之交",既是琅邪王氏得以进入东晋权力核心的机缘,又是日后王敦之乱的触媒。要是没有"管鲍之交",即没有王敦、王导一武一文的扶持,东晋的皇位还不一定轮到司马睿来坐,当时是"五马渡江"(司马绋、司马宗、司马羕、司马祐、司马睿),哪一匹"马"都有机会;可话说回来,要是没有"管鲍之交",王敦谋反的调子可能就不会那么高。历史之诡谲难料,竟然一至于此。

13〉王大将军既反①,至石头,周伯仁往见之。谓周曰:"卿何以相负②?"对曰:"公戎车犯正③,下官忝④率六军,而王师不振,以此负公⑤。"(方正33)

释义

①既反：已然叛乱。

②相负：此指周颢领军抵抗王敦的叛军。周颢曾有投靠王敦的经历，故王敦认为他辜负了自己的恩德。负，辜负。

③戎车犯正：指王敦挥师进京，军车辚辚，侵犯朝廷。戎车，军车。

④忝：谦辞，意为辱没。此处转义为不自量力。

⑤负公：此指周颢领军抵抗王敦的叛军而告负。负，失败。与上一个"负"字意义不同。

释读

王敦已然发动叛乱，军队到了石头城。周颢到军营见王敦。王敦看到周颢进来，冷言冷语，说："你跟我作对，为何有负于我对你的一片恩德？"周颢答道："明公挥师进京，军车辚辚，侵犯朝廷。下官不自量力也要率领六军抵抗，可惜王师不振，所以才负于明公。"

周颢的回答有礼有节，也很巧妙机灵。尊称王敦为"公"，出于礼貌，而且他本人的确曾经得到王敦的关照。《晋书·周颢传》记载，周颢渡江后，曾经遭遇叛军出其不意的攻击，"狼狈失据"，好不容易捡回一条命，"因奔王敦于豫章，敦留之"。而且，王敦还想将周颢留在身边，没承想后来晋元帝一定要周颢回朝，周颢这才离开王敦的。这就是王敦敢于声称"卿何以相负"的原因。而周颢并非无情无义，他没有忘记王敦曾经给过他的好处，不承认自己辜负了王敦；他领军抵抗王敦叛军，是因为王敦负了朝廷，违背了君臣之道，所以，他义正辞严，谴责王敦"戎车犯正"。说到这里，他可也没忘记要回答王敦的问话，问话里有一个"负"字，是关键词，不好回避，也不宜回避；可自己堂堂正正，又何负之有？脑筋一转，词义更换，略带谦卑地说"下官忝率六军，而王师不振，以此负公"，即打不过你，只是胜负之"负"，成不了跟你半斤八两的对手，真是不好意思。堪称有礼有节的典范故事。

刘孝标注引《晋阳秋》的记载，说"王敦既下，六军败绩"，有人劝周颙外逃避难，既不再面对王敦，也不再面对朝廷。事实上，周颙那时处于极为难堪的境地，返回朝廷，无脸见晋元帝；去见王敦，需要极大的勇气。他刚正不阿，性格豪迈，敢于担当，对身边的人说："吾备位大臣，朝廷倾挠，岂可草间求活，投身胡虏邪？"即如果要避难，无非两条路，一条是"草间求活"，躲藏于民间；一条是"投身胡虏"，侍奉异族。这两条路，他都不愿意走，反而选择了一条在常人看来有些不可思议的路：去见王敦！这就是产生上述故事文本的具体语境。

《晋阳秋》还记载，周颙见到王敦后，王敦问："近日战有余力不？"周颙回答："恨力不足，岂有余邪？"遗憾的是王师不振，力量不足，而不是因为留有余力才打不过你。从周颙这番话可以看到，王敦之所以那样嚣张，是因为他的军队强于王师。这是历史上王敦先后两次进犯京师的重要缘由。

14 王大将军始下①，杨朗苦谏②不从，遂为王致力③，乘"中鸣云露车④"径前⑤曰："听下官鼓音，一进而捷⑥。"王先把其手⑦曰："事克⑧，当相用为荆州⑨。"既而忘之，以为南郡⑩。王败后，明帝收朗，欲杀之。帝寻⑪崩，得免。后兼三公⑫，署数十人为官属。此诸人当时并无名，后皆被知

遇，于时称其知人。（识鉴13）

‖ 释义

①王大将军始下：意为王敦即将启程，率领叛军进犯位于长江下游的京师建康。

②苦谏：苦口婆心，极力劝谏。

③为王致力：尽力配合王敦。

④中鸣云露车：军中指挥车，又称云车或楼车，皆喻车身较高，便于瞭望；车中设置金鼓，指挥军队进退。

⑤径前：此处意为驱车径直来到（王敦）跟前。

⑥一进而捷：第一通鼓音即可高捷。

⑦先把其手：随即握住他的手。先，表"随即"（第一时间）之意。

⑧事克：事情成功。克，战胜。

⑨相（xiāng）用为荆州：起用阁下为荆州刺史。相，偏指副词，指代说话的对方。荆州，是古代九州之一，地理位置相当重要。刺史，是一个州的最高长官。

⑩以为南郡：任命为南郡太守。南郡，治所在郢（今湖北荆州）。太守，地位低于刺史。

⑪寻：随即，不久。

⑫三公：当是"三公曹"的省称。官署名，汉、晋尚书台诸曹之一，其主管官员称为三公曹郎，掌管官吏的选拔。

‖ 释读

王敦即将启程，率领叛军进犯位于长江下游的京师建康。杨朗苦口婆心，极力劝谏，意为不能轻举妄动，可王敦就是不听，一意孤行。没办法，身为属官的杨朗只好尽力配合王敦，他登上军中的楼车，驱车径直来到王敦跟前，说道："请听下官发出的鼓音，第一通鼓音即可告捷。"王敦随即握住他的手，说："事情成功后，定会提拔阁下做荆州刺史。"这一次军事行动结束后，王敦忘了当日的承诺，改以委任杨朗做南郡太守。王敦之乱被平定，晋明帝收捕了杨朗，准备杀掉他。因明帝没过多久就驾崩了，杨朗得以免罪，这才躲过一劫。后来，还得到朝廷器重，兼任三公曹郎，选拔了数十人为属官；这一批人，本来籍籍无名，经过杨朗的选拔后，都脱颖而出，逐渐被委以重任。当时的人称赞杨朗有知人之明。

这个故事，侧重于写杨朗，却也提供了王敦谋反时的一些细节。原来，王敦身边的人，反对他发动叛乱的，不仅有谢鲲（可参阅本书的谢鲲部分），还有杨朗，还有没有其他人，不得而知。显然，王敦的举动突破了一些正直之士的政治底线，哪怕他们就是王敦的亲随或部下。

此外，王敦许愿封官的细节，也颇有意味。一则，连荆州刺史这样重要的职位，王敦也够胆私相授受，大有口含天宪的野心，可见其人狂妄到何种程度，已经预想着自己得手后可以号令天下的情景了；一则，王敦不知是善忘还是别有居心，他只是委任杨朗做南郡太守，此官职低于荆州刺史，从这一行为看，王敦不守承诺，为人轻佻，是无信之人。

15 王大将军下，庾公①问："卿有四友，何者是？"答曰："君家中郎②，我家太尉、阿平③、胡毋彦国④。阿平故当最劣。"庾曰："似未肯劣。"庾又问："何者居其右？"王

曰："自有人。"又问："何者是？"王曰："噫！其自有公论。"左右蹑公，公乃止。（品藻15）

释义

①庾公：庾亮，字元规，颍川鄢陵（今河南许昌）人。东晋政治家，外戚，是晋成帝的舅舅。其地位可比王导。王敦对庾亮既尊崇，又深具戒心。

②君家中郎：指庾敳，庾敳是庾亮从父，故王敦对庾亮说"君家中郎"。

③我家太尉、阿平：指王衍（太尉）、王澄（字平子）。

④胡毋彦国：即胡毋辅之，字彦国。为人放达，不拘小节。官至尚书郎。

释读

王敦率军进犯位于长江下游的京师建康。庾亮跟王敦相见，问："阁下有四位好朋友，他们是谁呢？"王敦答道："一位是你们家的庾中郎，另外三位是我们家的王太尉和王平子，以及胡毋彦国。四人之中，阿平不如其他诸位。"庾亮接口说："似乎不一定吧。"并接着问："那么，哪一位是最杰出的呢？"王敦道："那还用说，自有其人。"庾亮追问："究竟是哪一位？"王敦不耐烦地说："噫！这件事，自有公论。"庾亮身边的人见势不妙，暗地用脚踩了庾亮一下，庾亮一时警觉，才不再问下去。

庾亮为人以"风格峻整"著称，晋元帝器重庾亮，聘庾亮之妹为皇太子妃，明帝司马绍即位后，立其为皇后，庾亮的外戚身份由此而来。试想，王敦已然兵临城下，庾亮当然不会站到王敦的一边，他要维护司马氏政权，冒险也要会一会叛军首领王敦。

庾亮与王敦是旧相识，曾几何时，王敦折服于庾亮的高谈阔论，《晋书·庾亮传》记载："敦与亮谈论，不觉改席而前，退而叹曰：'庾元规贤于裴頠远矣！'"认为著名的清谈家裴頠远远不如庾亮，可见王敦曾经对庾亮颇为推崇。然而，清谈是清谈，政治是政治，如果在政治上发生利益冲突，态度和立场就会发生变化。王敦谋反，庾亮前来相见，这是一次涉及利害关系的会见；王敦对身为外戚的庾亮不得不防备，而庾亮更是想在心理上、气势上压住王敦。《晋书·庾亮传》说"及敦举兵，加亮左卫将军"，庾亮在平定王敦之乱的整个过程里起着相当重要的作用，并因功劳大而封"永昌县开国公"。回到上述对话的语境来，我们可以看到，对话其实是在两个敌对的人之间展开。

在王敦谋反之前，庾敳、王衍均在西晋永嘉五年（311）死于石勒之手；王澄于永嘉六年（312）被王敦杀死；胡毋辅之在东海王司马越死后（311年之后）渡江，官至湘州刺史，可是"到州未几卒"（《晋书·胡毋辅之传》）。而王敦攻入建康是在东晋永昌元年（322），可知，庾亮跟王敦对话时，"卿有四友"其实已经成为真正意义上的故事，庾亮作为庾敳的从子，焉能不知"四友"是谁呢？可见，当时两人相见，场面十分尴尬，一下子不知如何打开话题，于是，庾亮没话找话，这才引出一段暗中较劲的对话。

或许，庾亮以庾敳从子的身份，提及"四友"，意在缓和一下跟王敦的紧张关系，反正大家都是熟人，有话好好说，不要动不动就举兵进犯。可王敦也知道庾亮来者不善，见招接招，干脆以斗嘴的方式不甘示弱，还暗示自己就是几个朋友中最为杰出的那一个；而且，脸色肯定很不好看，庾亮身边的人见状，生怕场面失控，这才暗中示意庾亮要停止话题，调整策略。

我们不知道接下来发生了什么，又如何收场。王敦先后在晋元帝、晋明帝在位时两次发动兵变，可知庾亮什么都没改变，王敦还是王敦，庾亮还是庾亮，敌对的关系丝毫未改。换言之，王、庾的这场没有效果的对话，只是历史事件过程中不无故事意味的小插曲而已。

16 ▶ 王大将军始欲下都处分树置①，先遣参军②告朝廷，讽旨时贤③。祖车骑④尚未镇寿春⑤，瞋目厉声语使人⑥曰："卿语阿黑⑦：何敢不逊⑧！催摄面去⑨，须臾不尔，我将三千兵槊脚令上⑩！"王闻之而止。（豪爽6）

|| **释义**

①处分树置：指王敦企图篡夺朝廷大权，自己安排布置各级大臣。

②参军：官名，是军府或王国的属官，是重要幕僚，又称参军事。

③讽旨时贤：委婉含蓄地向当朝人士宣示自己的意旨。讽，意为以委婉含蓄的话打动对方。

④祖车骑：即祖逖（tì）（266—321），范阳遒县（今河北涞水）人；死后追赠车骑将军，故称。祖逖作为北方人，轻财好侠，慷慨贞烈，南渡后，以恢复中原为己任。逖，远。

⑤寿春：地名，故址在今安徽省寿县。此地北濒淮河，是南北交通要冲，为军事重镇。

⑥使人：即上文之"参军"，王敦的使者。

⑦阿黑：王敦的小名。

⑧何敢不逊：意为胆敢无礼。逊，谦逊。

⑨催摄面去：赶紧撤退返回。催，赶紧，迅速；摄面，快速掉头。

⑩槊脚令上：使用长矛横扫叛军回去。槊，长矛，古代的一种兵器。此处是名词用为动词，意为挥槊横扫过去（今粤语尚存"槊脚"一词，动宾结构；或作"槊你只脚"）。脚，指叛军之脚，代指叛军。上，与"下"相反，指回到长江上游（王敦驻地武昌）。

释读

王敦开始行动，要挥军直逼京师建康，连在夺权之后如何安置各级大臣的事宜也想好了，他预先派遣一名参军入京报告朝廷，委婉含蓄地向当朝人士宣示自己的意旨。其时，祖逖尚未出守安徽寿春，还在建康，一听到王敦有如此举动，圆睁怒目，出语严厉，对王敦的那位参军说："你回去告诉阿黑：胆敢无礼！迅速掉头回去；要是停留片刻，我带领三千将士挥动长矛横扫叛军回老家！"王敦听闻祖逖这番言辞，有所忌惮，即时停止进军。

《晋书·祖逖传》记载"王敦久怀逆乱，畏（祖）逖不敢发"，当指这个故事。可知《世说新语》的这一条是真有其事的。

此事发生在祖逖南渡之后、尚在朝廷之时，故而特别说"祖车骑尚未镇寿春"；待祖逖病逝后，王敦再伺机举兵进犯石头城。这是王敦之乱整个过程中一度发生的插曲。

王敦虽然豪横，却也有他畏惧之人。

17 王大将军既为逆，顿军姑孰①。晋明帝以英武之才，犹相猜惮②，乃着戎服③，骑巴賨马④，赍⑤一金马鞭，阴察军形势。未至十余里，有一客姥⑥，居店卖食，帝过憩之⑦，谓姥曰："王敦举兵图逆，猜害忠良，朝廷骇惧，社稷是忧。故劬⑧劳晨夕，用相觇察⑨。恐形迹危露，或致狼狈。追迫之日，姥其匿之⑩。"便与客姥马鞭而去。行敦营匝而出⑪，军士觉，曰："此非常人也！"敦卧心动，曰："此必黄须鲜卑奴⑫来！"命骑追之，已觉多许里⑬。追士因问向姥："不见一黄须人骑马度此邪？"姥曰："去已久矣，不可复及。"于是骑人息意而反。（假谲6）

释义

①顿军姑孰：意为在姑孰驻军。姑孰，古城名，故址在今安徽省当涂县。

②猜惮：猜疑忌惮。

③戎服：军服。

④巴賨（cóng）马：指巴地賨人（少数民族）养殖的宝马。賨，秦汉间四川、湖南一带少数民族交纳的赋税名称，代指湖南、四川一带的少数民族。

⑤赍（jī）：携带。

⑥客姥（mǔ）：开客店的老妇人。姥，老妇人。

⑦帝过憩（qì）之：意为晋明帝路经客店，进去歇息。憩，休息（《世说新语》原作"愒"，朱骏声《说文通训定声·泰部》："愒字亦作憩。"今据改）。

⑧劬（qú）：劳苦，勤劳。

⑨觇（chān）察：窥视观察。觇，窥视。

⑩姥其匿之：您老替我隐瞒。匿，本义为隐藏，此处转义为隐瞒。

⑪行敦营匝（zā）而出：绕着王敦的军营走了一圈，然后离去。匝，环绕。

⑫黄须鲜卑奴：代指晋明帝，是蔑称。司马绍的生母荀氏是燕代人，可能有鲜卑族血统。

⑬已觉（jiào）多许里：已经落后许多里路了。觉，相差；多许，犹言许多，口语。

‖ 释读

王敦已经公然叛逆，在安徽姑孰驻军。晋明帝虽有英武之才，可还是对王敦十分猜疑忌惮，高度戒备，放心不下，于是身穿军服，打扮成军人，骑着巴赍马，带着一根金马鞭，暗中观察王敦的布防和阵势。距离王敦的军营十余里地，有一家客店，主人是一位老妇，在店里出售食物，晋明帝路过此店，进去歇息，对老妇说："王敦兴兵谋反，猜忌、加害忠良，朝廷为之震惊和害怕，担忧社稷的安危。所以，我早晚忙碌，窥视观察王敦的军营。又怕行迹泄露，导致狼狈，要是我被追踪，您老请替我隐瞒吧。"顺手将金马鞭送给老妇，随即离开。晋明帝绕着王敦的军营走了一圈，然后离去。此时军士已发觉，报告王敦说："这一位可不是普通人！"王敦正在卧床休息，忽觉心里怦然一动，说："肯定是黄须鲜卑奴来了！"命令军士赶紧骑马追寻，尽管军士快马飞奔，却已经落后许多里路，看不见逃离者的身影了。追赶的人就向路边客店的老妇打听："有没有见到一个黄色胡须的人骑马路过这里？"老妇说："已经走过很久，不可能追得上了。"于是，军士这才打消念头骑马返回军营。

这个故事，《晋书·明帝纪》也有记载。从一个侧面生动地反映出晋元帝驾崩之后晋明帝与王敦的深刻矛盾。

王敦是皇室的外戚，知道很多皇家内情，他称晋明帝是"黄须鲜卑奴"，估计不是随便说的。《晋书·明帝纪》也说得很清楚，晋明帝生母荀氏"燕代人，帝状类外氏，须黄"，"外氏"指非汉族，即少数民族，荀氏生长于燕代地区（今河北西北部、山西东北部地区，少数民族聚居地），大概有鲜卑血统。当然，所谓"黄须鲜卑奴"是蔑称，王敦身为晋武帝的驸马，本已不把晋元帝放在眼里，何况是晋元帝之子呢？

可是，王敦也有失算的时候。《晋书·明帝纪》记载，太宁二年（324）六月，"敦将举兵内向，帝密知之，乃乘巴滇骏马微行"。其中，"帝密知之"是关键，而情报来源正是王敦身边的王舒之子王允之。王允之得知王敦的叛变谋略之后，假装喝醉，以省亲的名义跑回家告知父亲王舒，王舒连忙跟王导一起"俱启明帝"（《晋书·王允之传》）。这是晋明帝"微行"的前提条件。

王敦咄咄逼人，恣意狂妄，而晋明帝惶恐不安，心系家国。当时的晋明帝还很年轻，才二十五岁，其窥视王敦军营的行动发生在他登基后的第二年。王敦做贼心虚，一听说有人来窥探军营，马上想到"黄须鲜卑奴"，可知其内心也不无忐忑，"敦卧心动"，说明他内心为之一惊：没想到晋明帝情报如此灵通！没过多久，王敦在巨大的心理压力之下忽病死去，也是咎由自取。

18 王大将军于众坐中曰："诸周①由来未有作三公②者。"有人答曰："唯周侯③邑五马领头而不克④。"大将军曰："我与周，洛下⑤相遇，一面顿尽⑥。值世纷纭，遂至于此！"因为流涕⑦。（尤悔8）

||| **释义**

①诸周：周氏一族（周颙家族）。

②三公：指古代中央最高官员，具体为太尉、司徒、司空。"位至三公"是皇权时代官员的最高梦想。

③周侯：即周颙。

④邑（yì）五马领头而不克：意为手中摸得一副好牌而最后输了。邑，通"挹"，抓取。五马领头，赌博用语，指在赌局中手气极好、点数最高。不克，没有赢，输了。

⑤洛下：洛阳的别称。洛阳，西晋的京师。

⑥一面顿尽：初次见面就彼此交心。

⑦流涕：流泪。

||| **释读**

有一次，王敦与众人同坐，说道："他们周家从来就没有人做到三公的高位。"有人回应道："只有周颙算是最高的了，可惜他手中摸得一副好牌而最后输了。"王敦接着说："我跟他，初次见面就在京师洛阳，即时就彼此交心了。可惜，遇上乱世，才会落得这步田地！"说着说着，流下了眼泪。

王敦生于晋武帝泰始二年（266），周颙生于晋武帝泰始五年（269），二人年龄接近。王敦说："我与周，洛下相遇，一面顿尽。"大概说的是实情，尽管"一面顿尽"云云，疑颇有水分，大话而已，但可以说，两人本属故交，到了东晋，王敦竟然对周顗顿生杀机，实在令人齿冷。

上述王敦与众人的闲聊情景，发生在周顗死后，即晋元帝司马睿永昌元年（322），也就是王敦攻入建康之后。当日，周顗和戴渊二人同时被捕，又同时被王敦杀害于石头城南门之外（《资治通鉴》卷九二）。王敦与周顗早就矛盾很深，而周顗与晋元帝关系甚为密切（王敦幕僚所说的一手好牌大概指此），杀周顗，有给晋元帝一点颜色看看的意思。可是，王敦在周顗死后却假惺惺地怀念起人家来了。说到底，周顗是大好人，名望很高，还在晋元帝面前苦苦哀求救下了王导等王氏一族的性命。王敦杀周顗，引发舆论的反弹，连王导日后也追悔不已，悔恨自己没有及时阻拦王敦的疯狂举动。王敦所说，不排除是迫于舆论压力之下的自辩，将责任归咎于时势，所谓"值世纷纭，遂至于此"，轻轻一句，为自己开脱罪责。更有意思的是，刘孝标注引邓粲《晋纪》记载，在同一个场合，王敦对幕僚说："何图不幸，王法所裁。凄怆之深，言何能尽！"此话说得很假，竟然以"王法所裁"四字推掉自己残忍杀害周顗的罪责，可谓无耻之尤。

王敦流泪，大半是装模作样，小半是心中有愧。

19▷ 王大将军执司马愍王①，夜遣世将②载王于车而杀之，当时不尽知也。虽愍王家，亦未之皆悉，而无忌兄弟③皆稚。王胡之④与无忌，长甚相昵，胡之尝共游，无忌入告母，请为馔。母流涕曰："王敦昔肆酷汝父，假手世将。吾所以积年不告汝者，王氏门强，汝兄弟尚幼，不欲使此声著⑤，盖以

避祸耳！"无忌惊号⑥，抽刃而出，胡之去已远。（仇隙3）

‖ 释义

①司马愍（mǐn）王：司马承（据《晋书》，264—322），一作司马丞（刘孝标注引《晋阳秋》）。司马懿的侄孙，晋元帝司马睿的叔父。"愍王"是其谥号。

②世将：即王廙（yì）（276—322），字世将，东晋琅邪临沂（今山东临沂）人。是晋元帝姨弟，后为王敦所用。廙，恭敬的样子。

③无忌兄弟：即司马无忌兄弟。司马无忌，愍王司马承之子，随桓温伐蜀，以功进号前将军。

④王胡之：王廙次子，官至西中郎将、司州刺史。

⑤不欲使此声著：不想闹出事来弄得沸沸扬扬。

⑥惊号（háo）：惊讶地号哭。号，高声哭叫。

‖ 释读

王敦逮捕了司马承，连夜派遣王廙用车将司马承接走，并杀死于车中，神不知鬼不觉，当时的人不大知道内情。就算是司马承家里，也未能知悉整个过程，而那个时候，司马承之子司马无忌兄弟还都年幼，更是懵然不知。王廙的次子王胡之与司马无忌长大后，交往密切，有一次，王胡之跟无忌一起游玩，来到无忌家里，无忌到里屋告知母亲，请母亲准备饭菜招待。母亲得知王胡之来了，禁不住想起当年的惨事，流着眼泪对无忌说："王敦谋反时，十分残酷地对待你的父亲，而下毒手的正是王胡之的父亲王廙。我之所以一直不告诉你们兄弟，是因为王氏是门阀望族，势力强大，你们兄弟还小，我不想闹出事来弄得沸沸扬扬，就是以此避祸啊！"无忌听毕，大吃一惊，高声哭叫，急忙拔出佩刀，冲到门外，此时，机灵的王胡之已经跑得老远了。

这个故事，从一个侧面写出了王敦之狠。

王敦谋反，无所不用其极，尤其是对司马氏，大有斩草除根之势，他授意王廙除掉司马承，手段凶残，行为卑鄙，就是一个例子。

王廙本来是作为晋元帝的亲信前去劝谏王敦放弃悖逆行动，没想到，反而被王敦策反成功，留在王敦身边，王廙从此充当起"受任助乱"的不光彩角色。王敦因为王廙是王氏一族的成员，委以重任。王廙虽是名士，"少能属文，多所通涉，工书画，善音乐、射御、博弈、杂伎"（《晋书·王廙传》），但是，在王敦的诱惑之下，竟然背叛朝廷，与王敦同流合污。从王敦委派的官职来看，平南将军、领护南蛮校尉、荆州刺史，都是具有吸引力的，难怪王廙那么卖力为王敦效劳。

王敦之乱造成了社会的急遽动荡，也导致无数的家庭悲剧。司马无忌一家，只是其中的一个例子而已。

王敦是东晋历史绕不开的人物。他有破坏，无建设，蓄意谋反，制造动乱，涂炭生灵，祸害社稷，被钉在历史的耻辱柱上。

这个人，从小就表现出并非善类。他为人阴狠、狂妄、张扬，虽然出身名门望族，接受良好的教育，自己也颇以熟读《左传》等书而扬扬得意，但是，性格粗豪，目中无人，与一般的文弱名士绝不相类。

受时风影响，王敦"雅尚清谈，口不言财色"，在某些方面与大名士王衍较为相似。可此人实际上极为好色，随便一松口，就可以放出数十名侍婢。"雅尚清谈"以及"不言财色"，都只是他的遮羞布而已。

王敦与晋元帝司马睿识于微时，这是他的无形资本。他利用司马睿早年许下的"管鲍之交"来要挟已经登基的晋元帝，将所谓的"管鲍之交"当作一笔可观的股金，不断要分红；后来发觉晋元帝也不是蠢人，有意扶植忠于自己的势力，如刘隗、刁协等人，让他们把持要职，而逐步疏远王氏一族。有道是"王与马，共天下"，王敦以为这本是一家合资银行，如今看来，晋元帝有把它悄悄地变为独资银行的苗头，于是，一不做，二不休，干脆挥师直逼建康。他除了无形资本之外，还有不可小觑的有形资本，那就是比王师还要强盛的军队。

《世说新语》用了不少篇幅写王敦谋反的各类故事片段。这些片段，有的被收录到《晋书》里，有的还是本书的独家报道。虽是点点滴滴，然而，十分具体，很有现场感，是十分珍贵的历史瞬间。王敦的一言一行、一举一动，固然极具个性，可是，我们也可以从中领悟到权力欲望叠加野心阴谋是怎样将一个人转变为失去理性的狂魔。

一言以蔽之，王敦祸国殃民，罪无可恕。

二 王导

王导（276—339），字茂弘，东晋大臣，琅邪临沂（今山东临沂）人。王敦从弟。

王导的父亲王裁，官至镇军司马。王导年少时已有风鉴，神态异于常人，有一位民间人士张公说"此儿容貌志气，将相之器也"（《晋书·王导传》）。

王导政治生涯的起点是做东海王司马越的幕僚。但他与其他入东海王府的人不大一样，与东海王的关系并不十分密切。另一方面，却跟琅邪王司马睿相当投契，《晋书·王导传》记载：琅邪王出镇下邳，"请（王）导为安东司马，军谋密策，知无不为"，在较长时间的合作中王导获得司马睿的信任和赏识。可以说，出任琅邪王的安东司马是王导与司马睿结盟之始。

王导与司马睿的关系延及王敦。王导对王敦说："琅邪王仁德虽厚，而名论犹轻。兄威风已振，宜有以匡济者。"（《晋书·王导传》）这些话已经显露出日后东晋政权的结构性特色："威风已振"的王敦（其晋武帝驸马的身份不可小觑）在司马睿走向皇权的宝座过程中起过关键作用，司马睿政权早就嵌入了"王敦因素"，加上司马睿在各种谋略和谋划上依赖王导，也嵌入了"王导因素"，"王与马，共天下"因而成为东晋门阀政治的基石。尽管就东晋历史而言，"王与马"或者可以替换成"庾（亮）与马"，转换成"桓（温）与马"等不同说法，但是，结构是一样的，即东晋政权在不同皇帝治下均存在复合型的同构关系，而开创这一独特政治格局的最早契机是王导、王敦与司马睿的"三剑合一"结构。这一特殊关系的结合点就是王导。

王导在王敦之乱事件中，角色独特，十分尴尬。但他成功地化解了自己与晋元帝司马睿的紧张关系，果敢地与王敦切割，既维护了司马氏的皇权，也巧妙地保住了"王与马，共天下"的格局；他在晋元帝、晋明帝、晋成帝三个时期，均在政治上保持了一定的影响力。

王导的为政之道多取自"无为而治"方针，表面上没有多少大动作，实际上花费了很大心力，使得东晋政权在江东逐步壮大起来，并且，推动和促进了南北文化的交流和融合。史学家陈寅恪先生曾专门撰写《述东晋王导之功业》，加以表彰。

1 王长豫①为人谨顺，事亲尽色养②之孝。丞相③见长豫辄喜，见敬豫④辄嗔。长豫与丞相语，恒以慎密为端⑤。丞相还台⑥，及行，未尝不送至车后⑦。恒与曹夫人⑧并当箱箧。长豫亡后，丞相还台，登车后，哭至台门。曹夫人作簏⑨，封而不忍开。（德行29）

释义

①王长豫：王悦，字长豫，王导长子。为王导所器重。

②色养：以和颜悦色来奉养双亲。语出《论语·为政》："子夏问孝。子曰：'色难。'"意为以和颜悦色来奉养双亲是很难的。此处强调恭顺的态度。

③丞相：即王导，曾任丞相，故称。

④敬豫：王恬，字敬豫，王导次子。为人不羁，不为王导所重。

⑤以慎密为端：以谨慎周到为首要之事。慎密，指不乱说，不多说。端，东西的一头，转义为首要。

⑥还台：回台阁理政。台，是台阁（中央机构的衙署）的省称。

⑦送至车后：意为车子启动后，目送车子远去。

⑧曹夫人：王导妻子曹淑（彭城曹韶之女）。

⑨簏（lù）：竹编箱子。

释读

王悦为人谨慎孝顺，侍奉父母力求和颜悦色。王导见到长子王悦总是觉得很顺眼，心情舒畅；见到次子王恬总会觉得不顺眼，动辄生气。王悦跟父亲说话，时时以谨慎周到为首要之事，不乱说，不多说。王导回台阁理政，王悦每一次都要等待车子启动后，目送车子远去。王导出门前，王悦总是跟母亲曹夫人一起做好准备，将王导箱簏里的物品归置妥当。可惜王悦不幸早逝。他去世后，王导回台阁，再见不到长子送行，上车后无限感伤，不禁哭了起来，到了台阁的前门还在饮泣。曹夫人平常总是跟王悦一起收拾王导的箱簏，这一只箱簏不忍心再打开，原样封存，以作纪念，只好另做了一只新的竹编箱子给王导使用。

这是王导的一段家事。

王导治家，尤其在对儿子的管教方面，看来还是以儒家的道德伦理观念为主，王悦能够做到他所希望的那样，所以格外喜欢；王恬没有做到，王导就看他不顺眼。显然，王导对他的两个儿子分别有其偏爱和偏见。

王导重情，长子的早逝，令他无限悲伤；这是他最看好的儿子，也可能是他打算重点栽培的下一代治国人才。除了情感因素外，在"王与马，共天下"的格局之中，王敦没有儿子（其养子王应不堪大用），作为王氏一族的希望，王悦承载着王导的殷殷期许，是毫无疑问的。这也是王导异常悲伤的原因。

本来，这一则文字可以入书中的伤逝门，却编进了德行门，编写者大概还是想表彰王导长子的德行。有的故事，排入若干不同的类别均似无不可，但类别的选定可以看出编写者的侧重点在哪里。

又，《世说新语》俭啬门第七则记王导的一段逸闻，涉及王悦，可以参看："王丞相俭节，帐下甘果，盈溢不散。涉春烂败，都督白之，公令舍去。曰：'慎不可令大郎知。'"王导节俭，其长子王悦比之更甚，连腐烂了的水果也舍不得扔掉。此事发生时，王悦还在世，故王导在不得不将入春后已经腐烂不堪的水果扔掉时特别嘱咐要瞒着王悦。

再有，《世说新语》排调门第十六则记王导与王悦下棋的趣闻："王长豫幼便和令，丞相爱恣甚笃。每共围棋，丞相欲举行，长豫按指不听。丞相笑曰：'讵得尔？相与似有瓜葛（按：此处的"瓜葛"指有关系但不密切）。'"大意为：王悦从小就性格温和、乖巧，王导特别喜欢他。可有一条，下围棋时，每当王导落子后重又想拿起（当时的用语为"举行"），准备悔棋，王悦会按住父亲的手指，不让父亲耍赖，弄得王导哈哈大笑，说："哪能这么认真，好像我俩不是亲父子似的，活像远房亲戚呢。"虽是玩笑话，但可见王悦为人淳朴，拒绝摆弄心计；同时，说明王悦下棋的功力不浅，乃至于王导有时要悔棋。

此外，《世说新语》容止门第二十五则与王导次子王恬有关，从中大致可以知道王导不喜欢这个儿子的原因："王敬豫有美形，问讯王公。王公抚其肩曰：'阿奴，恨才不称！'"大意是：王恬外在的仪表颇见风度，某次向父亲请安，王导抚摸着他的后背说："阿奴，可惜的是你的外貌跟你的才干不相称啊！"意即王恬不够内秀，才不称貌。

附带提一下王恬的生母雷氏，《世说新语》惑溺门第七则："王丞相有幸妾姓雷，颇预政事纳货。蔡公谓之'雷尚书'。"刘孝标注引《语林》说：王恬是雷氏所出。这位雷氏，爱财贪货，还介入王导的政事，是一个厉害的角色，故蔡公（蔡谟）称之为"雷尚书"，是王导家的"编外官员"。

2 过江诸人①，每至美日②，辄相邀新亭③，藉卉④饮宴。周侯中坐而叹曰："风景不殊，正自有山河之异！"皆相视流泪。唯王丞相愀然变色曰："当共勠力王室，克复神州，何至作楚囚相对⑤？"（言语31）

||| **释义**

①过江诸人：此特指若干从京师洛阳南渡江东的权贵。

②美日：泛指吉日良辰。

③新亭：旧址在建康（今南京）西南方，临近江渚，景色秀丽。是三国时吴国的一个观景胜地。

④藉（jiè）卉：铺上草垫而坐。藉，指平铺一些东西而坐。卉，草。

⑤作楚囚相对：做出与春秋时被囚禁在晋国的楚国伶人钟仪相对举的事情。语出《左传·成公九年》。

‖ 释读

北方的权贵渡江来到南方后，每每在吉日良辰，大家相约，一起到建康西南方的新亭观赏山光水色，铺好草垫，坐在江边，边饮宴，边聊天。周颛坐在众人之间，忽发感叹道："这里也有山有水，山山水水就是山山水水，似无区别；可眼前的山河，哪里是北方的山、北方的河啊！"众人听后，多有共鸣，你看着我，我看着你，不禁悲从中来，眼含热泪。唯有王导一人，脸色一沉，机敏地说："我们这些离开了北方的人，更应当同心协力，扶助王室，收复失地，回归神州一统，何至于像春秋时被囚禁在晋国的钟仪那样以怀念昔日的时光来度日呢！"

这是《世说新语》里最著名的故事之一，只要是选本，每每不会漏选。

然而，这一段文字有两个难点，一个是"山河"，一个是"楚囚"。相当难解，也容易解错。

先说"山河"。有学者注意到《资治通鉴》卷八七记周颛的话为："风景不殊，举目有江河之异！""山河"二字作"江河"，一字之差，意义有别。元胡三省在《资治通鉴注》里写道："言洛都游宴多在河滨，而新亭临江渚也。"河滨，即黄河边上；江渚，即长江边上。所谓"举目有江河之异"，"江"与"河"都是实指，分别指长江和黄河。认为"江河"比"山河"更为贴切，而"山河"乃是泛指，不够精准。

不过，我们认为，《世说新语》早出，《资治通鉴》晚成，在如今看不到"江河"二字出处的前提下（不排除人为改动的可能性），还是以《世说新语》的"山河"为准，比较妥当。

况且，"山河"二字是说得通的。回到周颙说话的语境上来，一开头说的是"风景不殊"，明明是南方独特的明媚秀丽的风景（尤其是新亭一带），怎么会说成是与北方"风景不殊"呢？周颙还不至于没有美感差别之意识。其实，这里"风景"二字，显然是指眼前的山水而言，强调这里也有山有水，山山水水就是山山水水，就这一点来说，似乎并无多大差别。而下一句"正自有山河之异"，倒是指北方的"山河"与南方的"山河"很不一样，不仅是水（不管是黄河还是长江）不一样，山（不管是洛阳周边的山还是建康周边的山）也不一样。还有一层意思，即回忆北方的山水，我是主；面对南方的山水，我是客，所谓"正自有山河之异"的"异"，深层次的意思正是主客之辨，即发生了身份认同之差异。请注意，"正自有山河之异"是一个全称判断，不可能只看水而不见山。可知周颙的话是有内在逻辑的。而《资治通鉴》的"举目有江河之异"，明显是将"山"漏掉了，反为不妥。

再说"楚囚"。王导与王敦一样，都熟读《左传》。他随口说出的"楚囚"，典出《左传·成公九年》。不少学者一见"楚囚"二字，就联想到"饮泣""悲泣无计""处境窘迫"等，可是，如果返回《左传》的具体语境，根本没有这些意思。所谓

"楚囚"，专指楚国伶人钟仪，他尽管被囚禁在晋国，但是，并无"饮泣"之类的细节，与晋侯交谈，从容自如，也得到晋侯的敬重；范文子盛赞钟仪"不背本，不忘旧"，劝说晋侯送他返回楚国，结果是"公从之，重为之礼，使归求成（求晋楚之和好）"。钟仪的处境终究还是很不错的。

王导引用"楚囚"典故，其焦点在于：钟仪作为楚国的伶人，在晋侯面前"操南音"，回顾楚君做太子时的事情，于是得到晋侯的同情和礼遇。王导眼中的"楚囚"，依据原典的语境，无非是说，作为南方人，钟仪念念不忘昔日往事，仅此而已。王导的所谓"作楚囚相对"，是指南渡的北方人正像春秋时被囚禁在晋国的钟仪那样以怀念昔日时光度日；南人在北方，北人在南方，一南一北，可以互相对举了，这才是"作楚囚相对"的意思。

其实，《左传·成公九年》里的"楚囚"并无悲哭之态，可是，有的学者解释为"怎能像囚徒似的相对垂泪一筹莫展呢"（张万起等《世说新语译注》，中华书局，2009年，第76页），或者是"何至于像楚囚那样相对哭泣呢"（朱碧莲《世说新语详解》，上海古籍出版社，2013年，第55页），或者是"哪里至于像楚国囚徒般相对饮泣"（毛德富等译注《世说新语》，中州古籍出版社，2017年，第46页），或者是"哪至于像囚徒一样相对垂泪、一筹莫展"（董志翘等《世说新语笺注》，江苏人民出版社，2019年，第99页）。

还请注意，"楚囚"在原典里是单数，只有一个，不是若干个，如果将"楚囚相对"解释为"像囚徒一样相对垂泪、一筹莫展"，完全是脱离了原义，是承上文"皆相视流泪"而想当然的结果，不符合王导的意思。王导的意思仅仅是，你们不必像钟仪那样活在往昔，应当活在当下，放眼未来，以回归神州一统为己任。

王导针对的是周颛的那番话，不是针对众人"相视流泪"。其言外之意是，大家现在都在南方了，那就在南方先干出一番事业来，一步一步发展，才会有返回北方的一天。若是终日摆脱不了自己的北方情结，就好像钟仪摆脱不了他的南方情结一样，既于己无益，又于事无补，何必呢！

其实，当时聚集在新亭的人，都是南下的权贵，正在自由自在地饮宴，王导怎么会将他们比拟为"楚囚"呢？可以说，王导绝无此意。"楚囚"云云，仅仅是钟仪其人的代称，不是泛指。若将"作楚囚相对"的内涵弄清楚，就不至于产生误解了。

王导说话是很讲究艺术的，他的话含蓄委婉、富有学养，也不失机趣。置身新亭的人，都熟悉《左传》的故事，听得此言，当会不以为忤，而有所自励。

3▷ 温峤初为刘琨①使来过江。于时江左营建始尔②，纲纪未举③。温新至，深有诸虑。既诣王丞相，陈主上幽越④，社稷焚灭，山陵夷毁之酷，有黍离之痛⑤。温忠慨深烈，言与泗俱⑥，丞相亦与之对泣。叙情既毕，便深自陈结⑦，丞相亦厚相酬纳⑧。既出，欢然言曰："江左自有管夷吾⑨，此复何忧？"（言语36）

‖ **释义**

①刘琨：字越石（270—318），西晋中山魏昌（今河北无

极）人。西晋末年任并州刺史，整顿军政，抗击异族入侵，在北方颇有威望。后为幽州刺史、鲜卑人段匹磾所害。

②始尔：刚刚开始。

③纲纪未举：指东晋政权建立之初，政治秩序尚未走上正轨。

④陈主上幽越：陈述西晋末代皇帝（晋愍帝司马邺）被俘虏、被迁离之事。幽越，指晋愍帝失国后，被虏至平阳（今山西临汾），成为被幽禁之人。温峤建武元年（317）六月南渡时，晋愍帝尚在世；同年十二月，晋愍帝遇害于平阳（参阅《资治通鉴》卷九〇）。

⑤黍离之痛：意为失国之痛。黍离，原为《诗经·王风》的篇名，其意象是故国的宫室和宗庙，已然荒废，满目稷黍，一片悲凉。

⑥言与泗俱：说着说着，眼泪鼻涕俱下。泗，原指鼻涕，此处是"涕泗"的省称。

⑦深自陈结：结为知交。

⑧厚相酬纳：深情接纳、热情款待。

⑨管夷吾：即管仲（名夷吾），春秋初年政治家，辅助齐桓公，使齐国强盛起来，齐桓公也成为春秋时期的第一个霸主。

‖ 释读

温峤以刘琨使者的身份渡江南下，来到建康。当时，江东一带的营建工程才刚刚开始，政治秩序尚未走上正轨。温峤初来乍到，对南方毫无了解，内心有诸般忧虑。他谒见王导，讲述晋愍帝失国被虏、迁离京师、幽禁于山西平阳等一系列发生在北方的家国巨变，深感社稷毁灭、山河破碎，悲诉故国沦落、宗庙荒凉，慨然有黍离之痛。温峤悲慨深切，忠心耿耿，说着说着，眼泪鼻涕一起流下，王导听着听着，也不禁悲从中来，与温峤四目相对，泣不成声。两人互换南北方信息，该说的已然说过，互有了解，心相契合。温峤与王导坦诚相对，结为知交；王导也深情接纳、热情款待。告辞之后，温峤走出王府，之前的满腹忧愁一扫而空，高兴地说道："原来江东已有一个管仲了，我还忧愁什么呢？"

刘孝标注引《语林》曰："初温（峤）奉使劝进，晋王（司马睿）大集宾客见之。温公始入，姿形甚陋，合坐尽惊。既坐，陈说九服分崩，皇室弛绝，晋王君臣莫不歔欷。及言天下不可以无主，闻者莫不踊跃，植发穿冠。王丞相深相付托。温公既见丞相，便游乐不住，曰：'既见管仲，天下事无复忧。'"原来，温峤南渡的目的是代刘琨劝晋王司马睿登上大位，即"奉使劝进"；其时，西晋的末代皇帝晋愍帝虽然还在世，但是，整个西晋皇朝已经名实俱亡，这是刘琨派温峤渡江劝进的背景。温峤刚到建康，"姿形甚陋，合坐尽惊"，可以知道是仓皇南下，形容委顿，见到他那种颠沛流离的样子，众人也有点不相信自己的眼睛。温峤说了很多话，最重要的一句是"天下不可以无主"，这就是劝进的核心话题。

温峤见过司马睿等人之后，专程拜访王导。他刚从北方南来，眼前所见，都是百废待兴的景象，心里很不踏实；北方已经不成样子，没想到南方竟然也像个烂摊子，心都凉了，这是"温新至，深有诸虑"的心理现实。他是带着沉重的心情去见王导的。

温、王相见，互换南北信息之后，温峤终于放下疑虑，而对新兴的东晋政权抱有信心。这是一个戏剧性的转变。王导大概对温峤陈述了治国理政的思路和做法，得到了温峤的真心认可，这才有"江左自有管夷吾，此复何忧"的赞叹。

在温峤看来，王导是东晋政权的灵魂人物。有了王导，等于春秋时齐国拥有了管仲。这可以帮助我们从一个侧面了解"王与马，共天下"的内涵。王导于东晋政权的重要性是不言而喻的。

这是东晋政权始创阶段的一个小故事，有一种难得的在场感。获得在场感，是读《世说新语》比读正史来得更为有趣的原因。

东晋名士

4 ▶ 王丞相拜扬州①，宾客数百人并加沾接②，人人有说色③。唯有临海④一客姓任及数胡人⑤为未洽⑥，公因便还到过任边云："君出，临海便无复人⑦。"任大喜说。因过胡人前弹指⑧云："兰阇⑨，兰阇。"群胡同笑，四坐并欢。（政事12）

‖ **释义**

①拜扬州：官拜扬州刺史的省称。

②并加沾接：一个一个地寒暄问候。沾接，此指初次见面逐一打招呼。

③说色：同"悦色"。说，通"悦"。

④临海：地名，其治所在今浙江临海。

⑤胡人：西域少数民族人士。

⑥未洽：表情显得不太融洽。

⑦无复人：再无第二人选。

⑧弹指：捻指作声。这是佛教风习，面对西域佛教人士表

示亲近感。

⑨兰阇（shé）：梵语ranja的记音，意为带有敬意的问候。

‖ 释读

王导官拜扬州刺史，刚上任不久，招待各方宾客多达数百人，王导亲切热情，逐一问候，大家脸上都泛起了喜悦神色。可有一位从临海郡来的姓任的客人，以及几位西域人士，表情却显然不太融洽，王导趁便利之机故意从任姓客人的身边走过，跟他说："您一出来，临海郡再无第二人可以跟您相比了。"听得此言，任姓客人开怀大笑。顺便来到西域人士面前，只见王导捻指作声，说道："兰阇，兰阇。"那几位西域人士一听，大为会意，也跟任姓客人一样笑了起来，在座众人，无一不欢，满场欢声笑语。

可以想象，这是一个热闹场面。王导上任扬州刺史，首场大型见面会取得巨大成功。王导此前做丞相军谘祭酒，而扬州刺史是一个实权很大的职位，也是王导积累地方从政经验的大好机会。可以看出，他事前做了不少功课，到会的人有什么背景、出身何地等，他都有所了解，力求在数百人面前展示自己的亲和力，以便融入其中，取得信任，为接下来的中兴大业打下良好基础。

王导十分机敏，善于察言观色，谁人稍有异样，马上尽收眼底，及时应对，巧于化解，而又做到因人而异，恰到好处。他除了是一位政治家，还是身段柔软、风度翩翩的社交高手，知识面很宽，模仿力很强，口才了得，神态自若。刘孝标注引《晋阳秋》曰："王导接诱应会，少有忤者。虽疏交常宾，一见多输写款诚，自谓为导所遇，同之旧昵。"哪怕是"疏交常宾"，即关系本来疏远的人或普普通通没有什么地位的人，也会为王导的亲和力所感染而与之坦诚相交，见过面之后，就如老朋友一样。

置身江南，不分贵贱，诚意相待，身居高位如王导者，不是轻易可以做得到的。

《世说新语》排调门第十三则记王导积极融入江南生活的一个细节："刘真长始见王丞相，时盛暑之月，丞相以腹熨弹棋局，曰：'何乃渹！'刘既出，人问：'见王公云何？'刘曰：'未见他异，唯闻作吴语耳。'"刘孝标注曰："吴人以冷为渹（qìng）。"刘真长，即刘惔（字真长），晋沛国相县（今安徽淮北濉溪）人，是王导器重的官员，更是晋明帝的驸马。这个故事说，他去见王导，时值盛夏，王导光着上身躺着，在自己的肚皮上摆放棋子，棋子紧贴肚皮，还不时翻动，获取丝丝凉意，这就是"以腹熨弹棋局"；见到刘惔进来，学着用吴语说"何乃渹"，表达"多凉快"之意。这与"因过胡人前弹指云：'兰阇，兰阇。'"有异曲同工之妙。

5 王丞相初在江左，欲结援①吴人，请婚陆太尉②。对③曰："培塿④无松柏，薰莸⑤不同器。玩虽不才，义不为乱伦之始。"（方正24）

‖ 释义

①结援：意为期待结交而获得援助。

②请婚陆太尉：请求与陆太尉结为亲家。陆太尉，即陆玩，晋吴郡吴县（今江苏苏州）人，在江东素有名望；官至司空，死后赠太尉，故称。

③对：回答。

④培（pǒu）塿（lǒu）：小山丘。

⑤薰莸（yóu）：薰，香草。莸，臭草。

|| **释读**

王导在江东施政的早期，意图多结交当地吴人，求取南方土著的支持，其中的一个举动是请求与素有名望的陆玩结为亲家。没想到，陆玩如此回应："高大参天的松柏不会长在小山丘之上，芬芳馥郁的香草不会跟臭草放在同一器皿之中。我陆玩虽然不才，无论如何也不会开乱伦这个头。"

在陆玩心目中，南方人不可轻易与北方人通婚，否则，就是乱伦。可见"南北之别"是当时吴人的顽固观念。

在江东这块土地，南方人本是主人；北方人南渡来到这个地方，只是客居。在三国时代，东吴本是一国，雄踞江南，民丰物阜，陆玩等吴人向来有其优越感，而对于北方人天然有抵触情绪。

作为主政者，王导感到头疼的事情之一就是南方人头脑中的"南北之别"。这一观念不消除，施政难以推进。他放下身段，以柔软的姿态结交吴人，是一种政治手腕，也是一个政权在地化的策略。哪怕很艰难，也一定要去做。

这个事例，说明王导是会碰钉子的。此乃东晋政权开局故事中的小插曲。而东晋终究建立起"王与马，共天下"的格局，王导要花费多少心血，经受多少闲气，遭遇多少麻烦，也就可想而知了。

6 > 陆太尉诣王丞相咨事①，过后辄翻异②。王公怪其如此，后以问陆。陆曰："公长民短③，临时不知所言，既后觉其不可耳。"（政事13）

|| **释义**

①咨事：商议。

②翻异：改变主意。

③公长民短：意为您地位高，我地位低。公，指王导；民，是陆玩自指，是谦辞。

|| **释读**

有一次，陆玩找王导商议事情，已经定好了，没想到过后陆玩一下子改变了主意。王导觉得很奇怪，不可理解，及后，两人见面，王导提起此事，问其原因。陆玩答道："您地位高，我地位低，当时我在您面前很紧张，不知道到底说了什么，过后才觉得不可以那样做。"

尽管王导在江东自觉地放低身段，善意交往，可是，不是所有的本土人士都会买他的账，陆玩就是其中一个。

其实，所谓"公长民短"云云，只是假话，陆玩真实的想法我们不得而知，但是，他对王导还是有戒心，不太信任，具体到在一些事情的做法上，他们还产生了矛盾。"翻异"一词，表达出事态比较严重，估计陆玩后来回到家里算来算去，觉得划不来，干脆将此前达成的东西推翻了。

这个小故事，说明王导在江东开展工作，可用一个字来形容，就是"难"。尤其在南北人士的交往方面，在利益的磨合方面，在思维方式的碰撞方面，等等，都发生了不少的问题。

7▷ 顾司空①未知名，诣②王丞相。丞相小极③，对之疲睡④。顾思所以叩会之⑤，因谓同坐曰："昔每闻元公⑥道公协赞中宗⑦，保全江表⑧，体小不安⑨，令人喘息⑩。"丞相因觉，谓顾曰："此子珪璋特达⑪，机警有锋⑫。"（言语33）

‖ 释义

①顾司空：顾和（288—351），字君孝，晋吴郡吴县（今江苏苏州）人。其祖父顾相，官至晋临海太守。顾和立朝刚正，不畏权贵，官至左光禄大夫，仪同三司。死后追赠司空，故称。

②诣：拜访。

③小极：稍感疲倦。极，劳累，疲倦。

④疲睡：打起瞌睡来，打盹儿。

⑤叩会之：意为谦卑地引出话题，不至于使在座的其他人感到尴尬。

⑥元公：即顾荣，字彦先，晋吴郡吴县（今江苏苏州）人。是顾和的同宗前辈。顾荣的祖父顾雍曾任吴丞相，其家族在江东享有名望和权势，是王导南渡后力争的拉拢对象。顾荣死后，谥号"元"，故称。

⑦协赞中宗：协助扶持晋元帝司马睿。中宗，是晋元帝的庙号。

⑧江表：即江南。从中原看去，在长江之外，是为"江表"。

⑨体小不安：身体稍有不佳。小，通"稍"。

⑩喘息：紧张状，转义为不安、担心。

⑪珪璋特达：意为赋有异秉的人才。珪璋，玉器，代指人才。特达，突出的。

⑫机警有锋：意为机警得体，秀逸英挺。有锋，有锋芒，此处转义为英挺。

‖ 释读

顾和还没出名时，一次，去拜访王导。当时，王导稍感疲倦，面对着顾和打起瞌睡来了。在场的还有别人，顾和转动脑筋，想着引出什么话题来不至于使在座的其他人感到尴尬，于是就对同坐的人悄声说："以前，每每听到我们家元公称道王公，说他协助扶持晋元帝，保全了我们江东一带的利益，费心劳力。王公身体稍有不佳，都会令人不安。"王导似睡非睡，听到顾和的话，醒了过来，对顾和说："你这孩子，真是赋有异秉的人才啊，机警得体，秀逸英挺。"

刘孝标注引《顾和别传》，略曰："（顾）和字君孝，吴郡人。和总角知名，族人顾荣雅相器爱，曰：'此吾家之骐骥也，必振衰族。'累迁尚书令。"可知江东大名士顾荣，作为族叔，早就器重顾氏家族的后辈顾和，在其尚未成年的时候就视之为"吾家之骐骥"，并将振兴家族的大任寄托在顾和身上。从顾和的话中可以得悉顾荣经常在家人聚会的场合提起王导，说他的政绩和贡献，并对北方人王导在江南的举措表示赞赏和感激。顾和听了不少，记在心里。

王导善于团结江南人物，对顾氏一族格外重视，原因是，顾氏是江东大族，具有不可小觑的号召力；顾氏归服，对于提升东晋政权在江东地域的认可度大有好处，便于逐步巩固皇朝的权力。

顾和小小年纪，尚未出名，就可以进出王导的府邸，这是一种特殊待遇。最初的考虑无疑是要从小培养忠诚于东晋皇朝的顾氏后人。而不经意间，王导发现顾和的确是一个人才，就更加喜欢他了。

据《晋书·顾和传》，顾和之所以出名，契机就是这一次的叩会。王导对他的品评，成为顾和进入东晋官场的许可证。其后，在跟随王导理政的过程中，王导发现顾和很能理解自己的为政风格和特点，对他就更为信任了。

《世说新语》雅量门第二十二则记顾和出任时为扬州刺史的王导的从事，即幕僚，与周𫖮有过交集，给周𫖮留下很深、很好的印象；周𫖮后来见到王导，说你的身边有一个难得的人才。可见顾和的确不同凡响。

又，《世说新语》规箴门第十五则记顾和与王导的一段对话："王丞相为扬州，遣八部从事之职（按：之职，意为到职）。顾和时为下传（按：下传，按察下属的官吏）还，同时俱见。诸从事各奏二千石官长得失，至和独无言。王问顾曰：'卿何所闻？'答曰：'明公作辅，宁使网漏吞舟，何缘采听风闻，以为察察之政？'丞相咨嗟称佳，诸从事自视缺然也。"这也是发生在王导出任扬州刺史期间的事情。所谓"二千石官长"，指的是郎将、郡守这一层级的官员（享受"二千石"俸禄），王导要诸位从事去考察他们的工作得失。其他从事均如实汇报，唯有顾和一言不发。王导察觉有异，追问顾和有何见闻，顾和深知王导的施政风格是"无为而治"，以"网漏吞舟"即法网疏阔来回应，表示不宜事事追究以示"察察之政"。王导听后，大为赞赏，而那些积极"采听风闻"的同僚反而显得尴尬。作为南方人的顾和，如此熟悉王导，如此认同王导的施政理念，大概跟他的同族前辈顾荣一样，明白王导在江南没有施行"察察之政"是顾及江南人的利益，是一种收买人心的手段。睁一只眼闭一只眼，"宁使网漏吞舟"也不要引起反感，只要江南人归附东晋政权，就是成功。

可以说，王导启用顾和，与顾和等江南人士结为同盟，是东晋政权能够立足的关键举措。王导发现顾和，重用顾和，除了通常意义的爱惜人才之外，还有一重用意，就是大胆启用南方人以求缓和北方人与南方人的矛盾，方便施政，事半功倍。这是王导的精明之处。故而，刘孝标注引邓粲《晋纪》，其中有一句话特别醒目："晋中兴之功，（王）导实居其首。"实在是可圈可点。

8▷王蓝田①为人晚成，时人乃谓之痴②。王丞相以其东海子③，辟为掾④。常集聚，王公每发言，众人竞赞之。述于末坐曰："主⑤非尧、舜，何得事事皆是？"丞相甚相叹赏。（赏誉62）

‖ **释义**

①王蓝田：即王述（303—368），字怀祖，东晋太原晋阳（今山西太原）人，官至尚书令；袭封蓝田侯，故称。

②痴：此处意为与常人有异。《晋书·王述传》记他在一班俊彦面前毫无表现，"处之恬如"；年已三十，尚未知名，"人或谓之痴"。所谓"痴"，指不求闻达，成名较迟，颇欠表现。

③东海子：意为王承之子。王承，是中朝名士之一，曾任东海太守，故称其子王述为"东海子"。

④辟为掾：任命为属官。

⑤主：此处意为长官（主事）。是从事对主事的省称。

释读

王述并非早熟之人，不求闻达，颇欠表现，成名较迟，当时的人说他"痴"。王导可不这样看，由于王述是中朝名士东海太守王承的儿子，就任命他为自己的属官。王导经常将属官们聚集在一起，每当王导说话，众人都说好，争相美言，而陪于末座的王述与众不同，说："长官也不是尧、舜，哪能事事都说得对呢？"王导听后，大为赞赏。

王述不愿意无原则地奉承上司，这或许是人们说他"痴"的理由之一，转换成如今的说法，就是不会做或不识趣。相比之下，那些迫不及待为上司喝彩的人就显得十分势利和庸劣。难得王导头脑清醒，没有觉得王述的话逆耳，反而是"甚相叹赏"，即当众表扬。这是王导作为一位有智慧的政治家所表现出来的度量和胸襟。

无独有偶，可资比较的是另一位人物，即王导也十分欣赏的何充，同样是一个极端厌恶说假话的人。何充在做王导的从事之前本是王敦的主簿，《世说新语》方正门第二十八则记王敦的兄长王含做庐江郡太守，"贪浊狼藉"，官声极差，而王敦睁眼说瞎话，当众说自己的兄长做官做得很好，口碑甚佳，"庐江人士咸称之"，云云。何充在现场，身为王敦的主簿，却敢于当面反驳自己的上司："（何）充即庐江人，所闻异于此！"此话一出，王敦当即哑口无言，十分难堪。在场的其他人都替何充捏一把冷汗，而何充"神意自若"，晏然处之。何充因此得罪了王敦，被降职，后来反而得到王导的重用。

王导深通世故，知道官场里盛行假话，故而不为种种美言所迷惑，这是他的可贵之处。他器重何充，也重用王述，看中的就是他们身上正直方刚的品格。

关于王述，还有一个相关的故事，《世说新语》品藻门第二十三则："王丞相辟王蓝田为掾，庾公问丞相：'蓝田何似？'王曰：'真独简贵，不减父祖；然旷澹处故当不如尔。'"王导提拔王述做属官的时候，庾亮不大了解王述，就问其人如何，王导的评价是"真独简贵"，看来这是王导用人的一个相当重要的指标，即要有独立思考的精神，说真话不讲假话，不会人云亦云；同时，分析问题能一语中的，要言不烦；还要自尊自重，有骨气，无媚态。当然，王导也看出王述有其缺点，即不够"旷澹"，为人太直，狷介而欠圆通，这些方面就不如他的父亲王承（据《晋书·王承传》记载，王承"推诚接物，尽弘恕之理"，请参阅本书"中朝名士"部分），也不如其祖父王湛（据《晋书·王湛传》记载，王湛宽宏大量，为人处世，颇似山涛）。

王导重用王述，除了王述本人的品格、能力等因素之外，还要看到，其用人策略是讲究平衡的，一方面着意重用南方人如顾和等，另一方面，也不忽视北方人如王述等。真正的政治家，是玩各种平衡的高手。

9▸ 周镇①罢临川郡②还都③，未及上，住泊青溪渚④，王丞相往看之。时夏月，暴雨卒⑤至，舫至狭小，而又大漏，殆无复坐处。王曰："胡威⑥之清，何以过此！"即启用为吴兴郡⑦。（德行27）

‖ **释义**

①周镇：字康时，东晋陈留尉氏（今属河南）人。为官以

"清约寡欲"著称。先后任临川郡、吴兴郡太守。

②临川郡：此处为"临川郡太守"的省称。周镇被罢免此职。临川郡，治所在南城（今江西抚州临川）。

③还都：返还京师（建康）。

④青溪渚：地名，在建康附近。

⑤卒（cù）：通"猝"，忽然。

⑥胡威：字伯武，西晋淮南寿春（今安徽六安寿县）人。继承其父胡质的清廉家风，深得晋武帝的赏识。官至青州刺史。其事迹入《晋书·良吏传》。

⑦吴兴郡：此处为"吴兴郡太守"的省称。周镇得到王导赏识，任此职。吴兴郡，治所在乌程（今浙江湖州）。

‖ 释读

周镇被罢免临川郡太守一职，返还京都，走水路，还没有上岸，停靠在离建康不远的青溪渚。王导闻讯，前往探视。此时正值夏日，暴雨骤至，而周镇的船过于狭小，船篷洞穿，漏雨不止，避无可避，连坐的地儿也没有了。一位太守，其船竟然如此狭小，如此残破，王导感慨道："晋武帝时的胡威，以清廉著称，可哪里比得上周镇啊！"于是，立刻委任周镇为吴兴郡太守。

周镇为何被罢免临川郡太守，史无明文，不得而知；但是，从王导的举动看，其间必有故事，否则位高权重的王导何以要亲自到青溪渚来迎接被免职的周镇呢？其中内情，王导必已知悉，心里有所不安，故而才有"王丞相往看之"的情节。

王导与周镇的交情如何，无从得知；可是，王导立刻将被免职的周镇任命为吴兴郡太守，并非出于私情，而是出自公意。何以见得？查阅《晋书·王导传》，可知东晋政权建立之后，"帑藏空竭"，即国库空空如也，王导为之心焦，厉行节约，以身作则，连朝服也做简约化处理，为的就是省钱。故此，王导目睹周镇十分清廉，如此清官，正是求之不得，何不以之为榜样，在官场掀起一股清廉之风呢？

周镇刚被免职，旋被任命，此事一定在东晋的官场引起震动。任免职务，本属平常，可是，一个刚被撤职的人立马又受到重用，原因是清廉，这个信号顿时无限放大，定然效果显著。王导作为政治家的手腕，于此可见一斑。

10 元帝正会①，引王丞相登御床②，王公固辞，中宗③引之弥苦④。王公曰："使太阳与万物同晖，臣下何以瞻仰？"（宠礼1）

|| **释义**

①正（zhēng）会：正月初一会见群臣。

②御床：代指皇位。床，是坐具。

③中宗：晋元帝的庙号。

④引之弥苦：指晋元帝拉着王导的手愈加恳求他坐上御床。

|| **释读**

晋元帝于正月初一会见群臣，拉着王导的手让他同坐御床。王导执意推辞，而元帝硬是拉着王导不放手，愈加恳求他坐上御床。王导只好对元帝说："要是让太阳和万物一起都发光

发热，臣下怎么能够瞻仰到太阳呢？"

刘孝标注引《中兴书》曰："元帝登尊号，百官陪位，诏王导升御坐，固辞然后止。"记的是同一件事情，可时间有别。《中兴书》说的是"元帝登尊号"，即正式登基之际，而《世说新语》说的是"元帝正会"，即新正初一。依照常理，似以后者的说法较为可信。因为皇帝登基，名义上还是司马氏的天下，仪式庄严隆重，不太可能出现"引王丞相登御床"之事。《晋书·王导传》亦记此事，依据的是《中兴书》，疑有失察之处。

不管如何，这件事情流传甚广，是"王与马，共天下"的一个具有象征性的场景。尽管王导没那么傻真的坐上去，可晋元帝的举动似乎也不是想试探王导，他借这个场合表达对王导的敬重，所以才会出现"中宗引之弥苦"的细节。

联系温峤初到江南时听到王导的治国理政观念，由衷地赞叹王导是当代管仲，并对东晋政权产生了信心，可知王导的存在对于东晋王朝而言是十分独特的，具有举足轻重的作用。从这一角度看晋元帝"引王丞相登御床"的惊世之举，也就不会觉得过于戏剧性了。

《晋书·王导传》记王导对王敦说过的一番话，其中有一句是不可忽略的："琅邪王（司马睿）仁德虽厚，而名论犹轻。""名论犹轻"正是日后的晋元帝的短板之一。有鉴于此，王导及时安排、导演出一场众星拱月式的街头表演，让司马睿在江南名士面前显露威仪，而王导、王敦及诸多南渡名士随扈，"吴人纪瞻、顾荣，皆江南之望，窃觇之，见其如此，咸惊惧，乃相率拜于道左"。王导亲自策划的这场表演大获成功，而当初他在恳求王敦加入表演时是这样说的："兄威风已振，宜有以匡济者。"这才是表演成功的秘密所在。不要忘记，王敦除了手中有军队之外，他还有一个响当当的名头：西晋开国皇帝晋武帝的驸马！

《晋书·元帝纪》有一段文字，可借以说明"王与马，共天下"的基础是如何形成的："永嘉初，用王导计，始镇建邺，以顾荣为军司马，贺循为参佐，王敦、王导、周颛、刁协为腹心股肱，宾礼名贤，存问风俗，江东归心焉。"身为北方人，置身江东，时值西晋的末年，不能没有属于自己的根基，不能失去当地人尤其是名贤的归心和协助，不能不懂江东的风俗，这一切，均出自王导之计。司马睿内心明白自己是怎样上位做了皇帝的，如果没有王导、王敦这样的人物扶持，在"五马渡江"的背景下，"五马"都是司马氏的后代，都具备上位的法统。

《晋书·王导传》还记载王导与司马睿交情极深，二人识于微时，"素相亲善"；司马睿对王导"雅相器重，契同友执"。《世说新语》规箴门第十一则记载了一个小故事，可以了解二人关系之特殊性："元帝过江犹好酒，王茂弘与帝有旧，常流涕谏。帝许之，命酌酒一酣，从是遂断。"为了劝司马睿戒酒，王导乃至于要"常流涕谏"。

这个小故事暗示了一点：司马睿平素在王导面前并不强势，反而，显得强势的是王导。《晋书·元帝纪》中，史官有一句评论："恭俭之德虽充，雄武之量不足。"这是对晋元帝的盖棺论定。"雄武之量不足"的晋元帝需要强势的王导来扶持，于是，我们可以明白，其"引王丞相登御床"的举动，姑且可视为他在特定场合的肢体语言，这一肢体语言出卖了他的内心隐情。晋元帝"引之弥苦"这一重要细节的心理内涵是相当丰富的。

11 周仆射①雍容好仪形,诣王公②,初下车,隐数人③,王公含笑看之。既坐,傲然啸咏④。王公曰:"卿欲希⑤嵇、阮⑥邪?"答曰:"何敢近舍明公⑦,远希嵇、阮!"(言语40)

|| **释义**

①周仆射:即周颛,官至尚书左仆射,故称。

②王公:王导。

③隐数人:即隐于数人之间,意为由多人搀扶着才能走动。

④啸咏:长啸和歌咏。长啸,类似于后世的口哨音乐。歌咏,吟唱。

⑤希:本义为希冀,此处转义为效仿、效法。

⑥嵇、阮:嵇康、阮籍,"竹林七贤"里最著名的人物。

⑦明公:对王导的尊称。

|| **释读**

周颛意态雍容,仪形俊伟,前往王府拜访王导,刚下车的时候,由多人搀扶着才能走动,他又喝醉了。王导笑着让他到里面去。周颛落座后,昂首啸咏,颇为自得。王导对他说:"阁下是意欲效仿嵇康、阮籍吗?"周颛回答:"我哪敢舍近求远呢,明公就在身边,何必效仿已经远去的嵇、阮二人?"

刘孝标注引邓粲《晋纪》,其中说:"(周)伯仁仪容弘伟,善于俯仰应答。"换言之,周颛除了爱喝酒、常喝醉之外,口才了得,善于应对。上面的小故事就是一个例子。

周颛与王导的关系,是东晋初年值得关注的事。从这个故事看,周颛的确有效法嵇、阮之意,"傲然啸咏",意态纵横,颇带嵇、阮遗风,所以,王导才会说他"欲希嵇、阮"。王导自然不会说错，他本人也熟知"竹林七贤"的举止，又是清谈家，他眼中的周颢，既喜欢啸咏，又常常喝醉：论神态，情志醺然颇似阮籍再世；论身姿，玉树临风却像嵇康回生。周颢的回应很妙，一句"何敢近舍明公，远希嵇、阮"，将王导的名望提升到与嵇、阮同一层次的高度，表达了对王导的仰慕之意，而一点儿也不肉麻，反倒多了几分风雅。说周颢"善于俯仰应答"，有实例为证，可知此言不虚。

在日常生活中，王导与周颢多有交集，王导有意无意间表示出对周颢的轻视。如《世说新语》排调门第十四则："王公与朝士共饮酒，举琉璃碗谓伯仁曰：'此碗腹殊空，谓之宝器，何邪？'（刘孝标注：以戏周之无能。）答曰：'此碗英英，诚为清彻，所以为宝耳！'"又如排调门第十八则："王丞相枕周伯仁膝，指其腹曰：'卿此中何所有？'答曰：'此中空洞无物，然容卿辈数百人。'"这两段文字有一个共通点，即王导轻视周颢读书不多，腹中无物，而周颢也不甘示弱，表示自己有度量，无城府，堂堂正正，正气凛然。说周颢"善于俯仰应答"，这些也是例子。不过，遗憾的是，王导对周颢还是抱有偏见，并导致了日后的严重误判。

回到上面的故事，仰慕王导的周颢，怎么也想不到，日后遭遇王敦之乱时，王导成了杀害自己的间接凶手！要是王导能够及时劝阻，周颢可能不至于死于非命；正是王导的默然与默许，王敦才下了狠心除掉周颢。曾几何时，周颢在王敦之乱爆发之际，在晋元帝面前冒死救下了王导一族。世事无常，竟一至于此，令人不胜唏嘘！

12 > 王大将军起事①，丞相兄弟诣阙谢②。周侯深忧诸王③，始
入，甚有忧色。丞相呼周侯曰："百口委卿！"周直过不应。
既入，苦相存救。既释④，周大说，饮酒。及出，诸王故在
门。周曰："今年杀诸贼奴，当取金印如斗大系肘后。"大
将军至石头，问丞相曰："周侯可为三公⑤不？"丞相不答。
又问："可为尚书令⑥不？"又不应。因云："如此，唯当杀之
耳！"复默然。逮周侯被害，丞相后知周侯救己，叹曰："我
不杀周侯，周侯由我而死。幽冥⑦中负此人！"（尤悔6）

|| **释义**

①王大将军起事：此指王敦（大将军）举兵叛变。

②诣阙（què）谢：到皇宫门外谢罪。阙，皇宫门外左右
相对的高耸建筑物。

③诸王：此指王导族人，均姓王。

④既释：此指晋元帝答应周颛不追究王导等人。

⑤三公：即太尉、司徒、司空的合称。

⑥尚书令：尚书省长官，负责政令。

⑦幽冥：即地府。

|| **释读**

王敦举兵叛变，王导兄弟到皇宫门外谢罪。周颛对王导一
家深怀忧虑，正要步入宫门时，神色异常凝重。王导见到他，
隔远呼叫："我们王氏百口人就拜托您了！"周颛没有回应，直
入宫内。进入大殿，面对晋元帝，周颛苦苦恳求不要对王导一
家动手。终于，晋元帝被周颛说服了，答应宽免，不予追究；
周颛内心大为高兴，于是大口喝起酒来。酒后出宫门，见到王

导及其家人依然如故，守候在宫门之外。周颛趁着几分酒意对他们说："今年将你们这些贼奴杀了，我就立下大功，斗大的金印就可以系于肘后了。"王敦攻进石头城，见到王导，问他："周颛可否位至三公？"王导没回应。又问："可否做到尚书令？"王导还是没回应。王敦接着说："这样的话，那就只有把他杀了！"王导依然沉默不语。及后，王敦将周颛逮捕、杀害。王导隔了些时候才知道周颛当天在晋元帝面前救了自己全家，悲叹道："周侯虽不是我亲手杀的，可他遇害是因我而起。哪怕到了黄泉之下，我也对不起他啊！"

这是王导故事里最为悲情的一个；周颛之死，是王导一生永远的痛！

《晋书·周颛传》记载，周颛死后，"（王）导后料检中书故事，见（周）颛表救己，殷勤款至。导执表流涕，悲不自胜，告其诸子曰：'吾虽不杀伯仁，伯仁由我而死。幽冥之中，负此良友！'"这就是"丞相后知周侯救己"的内情，有点像古希腊悲剧里的剧情反转，可以想见，王导见到周颛力救自己的档案资料的那一瞬间，其内心的震颤、惊讶和激动，难以言表，充满着巨大的冲击力，所以，才会有"幽冥中负此人"的痛彻心扉之言。

周颛喜欢喝酒，常常一喝就醉，醉后失态是难免的。其人有粗豪的一面，爱开玩笑，所谓"今年杀诸贼奴，当取金印如斗大系肘后"就是一句很不正经的玩笑话；他掩饰不住内心的兴奋，好不容易救下王导一家，很有成就感，却因酒后失言，正话反说，招致王导心生怨恨；王敦动了杀心之时，王导没有拦阻，间接成了杀害对自己有大恩大德的周颛的凶手。周颛与王导，二人产生了严重而致命的心理错位。

不过，王导事后自责是一回事，周颛遇害是另一回事。何以见得？《晋书·周颙传》说，王敦早在西晋时期，就与周颙不和，那时，周颙已经很有声望，而"敦素惮颙，每见颙辄面热"，可知二人有龃龉之内情。及至东晋政权建立，晋元帝对琅邪王氏有防范戒备之心，于是，刻意扶植自己的势力，如王敦视为眼中钉的刘隗、刁协等就是晋元帝的亲信心腹，《晋书·王导传》有一句话"及刘隗用事，（王）导渐见疏远"，多少说明问题；王敦谋反，就是以清除刘隗、刁协为借口的，那么，周颙竟然可以在晋元帝面前救下王导一家，晋元帝与周颙的亲密程度可想而知，王敦焉有不除掉周颙之理？刘孝标注引虞预《晋书》说："（王）敦克京邑，参军吕漪说敦曰：'周颙、戴渊，皆有名望，足以惑众。视近日之言，无惭惧之色，若不除之，役将未歇也。'敦即然之，遂害渊、颙。"王敦身边的参军吕漪是一个卑鄙小人，他煽风点火，落井下石，力劝王敦除掉周颙和戴渊；就算王导当时加以拦阻，也难免周颙成为王敦的刀下之鬼。

但话说回来，王导无论如何在道义上是对不起周颙的，他本人也已经意识到了。只能说，这是真正意义上的悲剧，对周颙来说，固然如此；对王导而言，何尝不是？

13▷旧①云：王丞相过江左，止道②声无哀乐③、养生④、言尽意⑤三理⑥而已。然宛转关生⑦，无所不入。（文学21）

‖　**释义**

①旧：故老。

②止道：即只道。止，通"只"，仅仅。

③声无哀乐：意为音乐本身没有固定的哀调或乐调。为此，嵇康撰《声无哀乐论》。声，此处专指音声，即音乐。

④养生：以"无为自得"为养生的精要所在。为此，嵇康撰《养生论》。

⑤言尽意：认为语言能够及时反映人对事物的认知，及时表达人的思想感情。为此，西晋欧阳建撰《言尽意论》。

⑥三理：指以上三种理论。

⑦宛转关生：连绵曲折，关联推衍，触类旁通。

‖ 释读

一些故老说：王导南渡之后，在江东清谈，话题仅仅限于声无哀乐、养生、言尽意三种理论。可是，在此三种理论框架之内，连绵曲折，关联推衍，触类旁通，什么话题都可以转化并纳入其中。

上述三种理论中，"声无哀乐"与儒家的礼乐论相关，是对《乐记》"声有哀乐"论的修正与反拨。《乐记》说："乱世之音怨以怒，其政乖；亡国之音哀以思，其民困。声音之道，与政通矣。"换言之，《乐记》认为音乐本身具有意识形态色彩，某种"怨以怒"的音乐一定就是"乱世之音"，某种"哀以思"的音乐一定就是"亡国之音"，反映着政治生态的盛衰荣枯。嵇康专门针对这种论调撰写了《声无哀乐论》（见《嵇康集》卷五），他的基本表述是从客观现象出发，指出"殊方异域，歌哭不同，或闻哭（哀）而欢，或听歌（乐）而慼"，于是，将"乱世之音怨以怒"之类的绝对主义解释修改为相对主义解释，强调不是"音声有常"，而是相反，即"音声无常"；既然"音声无常"，怎么可以绝对地将某种音乐定义为"哀"，另将某种音乐定义为"乐"?《礼记·问丧篇》有云:"悲哀在中,故形变于外。"《乐记》的说法正与此相通。但是,嵇康对此做出了否定判断,重点是说音声本身没有意识形态色彩。如果说,音声是形式,而意识形态色彩是内容,那么,"声无哀乐"话题可以转化为形式与内容的关系问题。

至于养生话题,与老庄哲学尤其是庄子思想相关,来自嵇康的《养生论》。嵇康不慕荣利,远离官场,要是让他出来做官则立刻表示极为反感,其《与山巨源绝交书》(见《嵇康集》卷二)脍炙人口。他在《养生论》里说养生之道在于:"清虚静泰,少私寡欲。知名位之伤德,故忽而不营;识厚味之害性,故弃而弗顾。旷然无忧患,寂然无思虑。无为自得,体妙心玄。若此以往,庶可与羡门比寿,王乔争年,何为其无有哉!"(见《嵇康集》卷三)羡门、王乔都是神仙,以此养生,可与仙人一般长寿。我们知道,在魏晋时期,《庄子》是清谈的重要话题,一篇《渔父》足以让清谈家们谈论不休。可是,王导有所不同,他不是直接论《庄子》,而是取《养生论》做话头,可见他对嵇康极其推崇。而养生话题,可以转化为入世与出世的关系问题。

还有"言尽意",来自欧阳建的《言尽意论》。欧阳建是西晋著名权豪石崇的外甥,其《言尽意论》残篇今见《艺文类聚》卷一九,以及《世说新语》文学门本则的刘孝标注。刘注略引其文曰:"夫理得于心,非言不畅。物定于彼,非名不辨。名逐物而迁,言因理而变,不得相与为二矣。苟无其二,言无不尽矣。"大意认为,语言能够及时反映人对事物的认知,及时表达人的思想感情;不管事物如何变化,以及思想感情如何动态发展,语言都能与之匹配,总能表达出来。为此,欧阳建打了一个比方："此犹声发响应，形存影附。"这一话题可以转化为语言与万事万物的关系问题。

概言之，三个话题，表面看似乎很具体，实际上略作转化，均可上升到哲理层面。"然宛转关生，无所不入"，可知王导是善于做这类转化工作的，这也从一个侧面反映出王导的思辨能力和哲理修养。他多所联系，辗转生发，可见是懂得运用发散性思维的。

王导不仅是一位政治家，还是一位清谈家和哲学家。可惜，他的谈论没有录于文本流传下来。

《世说新语》赏誉门第五十九则记王导在家里清谈的一个细节，兹附于此："何次道往丞相许（许，表处所），丞相以麈尾指坐，呼何共坐曰：'来！来！此是君坐。'"何次道，即何充（字次道），为人闲雅，精于佛理，深得王导赏识。何充还是王导妻子曹夫人姐姐的儿子，两人有亲戚关系。王导见到何充，即以麈尾指坐，来一场清谈。可知王导只要遇到适当的对手，每每以清谈为乐事。

14 殷中军①为庾公长史②，下都③，王丞相为之集，桓公、王长史、王蓝田、谢镇西④并在。丞相自起解帐带麈尾⑤，语殷曰："身⑥今日当与君共谈析理⑦。"既共清言，遂达三更。丞相与殷共相往反⑧，其余诸贤，略无所关⑨。既彼我相尽⑩，丞相乃叹曰："向来语⑪，乃竟⑫未知理源所归⑬，至于辞喻不相负⑭。正始之音⑮，正当尔耳！"明旦，桓宣武⑯语人曰："昨夜听殷、王清言甚佳，仁祖亦不寂寞⑰，我亦时复造心⑱，顾看两王掾⑲，辄翣如生母狗馨⑳。"（文学22）

释义

①殷中军：殷浩（？—356），字渊源，东晋陈郡长平（今河南周口）人。著名清谈家。官至中军将军（后被桓温上表废为庶人），故称。

②庾公长史：指做庾亮的长史。庾公，即庾亮，其妹夫是晋明帝，外甥是晋成帝，东晋外戚。长史，属官名，隶属朝廷高官。庾亮为征西将军时重用殷浩。

③下都：到都城建康。下，指沿着长江往下游地区进发。

④桓公、王长史、王蓝田、谢镇西：分别是桓温（官至大司马）、王濛（曾是王导幕僚，后官至司徒左长史）、王述（曾是王导幕僚，后官至尚书令，袭封蓝田侯）、谢尚（谢鲲儿子，字仁祖，官至镇西将军）。

⑤解帐带麈尾：把绑在帐带上的麈尾解下来。麈尾，清谈家手中的器具，兼具拂尘和凉扇的功用，亦有助于清谈时展示肢体语言。

⑥身：即"我"，魏晋口语。

⑦共谈析理：意为一起清谈、辨析玄理。

⑧共相往反：双方就某个清谈话题展开了若干回合的论辩。

⑨略无所关：（其他人）一概无从插嘴。略，一概。

⑩彼我相尽：意为对谈的双方都尽情发挥、尽意表达。

⑪向来语：意为刚刚结束的这场清谈。

⑫竟：动词，完毕，遍及，转义为打通。

⑬理源所归：玄理的渊源脉络。

⑭辞喻不相负：玄学表述与文学比喻恰当匹配，没有出现相悖之处。

⑮正始之音：指何晏、王弼等正始年间的玄学家的言谈。魏晋时期，清谈家都尊"正始之音"为清谈的最高境界。

⑯桓宣武：即桓温，谥号"宣武"。

⑰亦不寂寞：此指谢尚跃跃欲试的神态。

⑱时复造心：此指桓温自述不时听进心里面去了。

⑲两王掾：指王濛、王述，二人当时都是王导的幕僚（掾），故称。

⑳翣（shà）如生母狗馨：正像产仔的母狗那样。翣，很、甚，程度副词。生母狗，产仔的母狗。馨，魏晋口语，表"如此"或"那样"。

‖ 释读

殷浩做庾亮的属官，一次，他从外地来到了京师建康，王导闻讯，召集当下一批名士聚会，桓温、王濛、王述、谢尚诸人均在座。王导待大家坐定，起身从大厅帷帐的帐带上解下麈尾，对着殷浩说："今天，我要跟你一起清谈，辨析玄理。"于是，一场清谈就开局了，从大白天一直谈到夜里三更天。王导与殷浩就清谈话题展开了若干回合的论辩，在座诸人，一概无从插嘴。对谈的双方都已然尽情发挥、尽意表达，王导赞叹道："刚刚结束的这场清谈，终于打通了过去尚未理清的玄理的渊源脉络，使得玄学表述与文学比喻恰当匹配，再也没有出现相悖之处了。正始之音，也就是这种水平啊！"第二天早上，桓温对人说："昨天夜里，听着殷浩、王导的清谈，真是过瘾，谢尚听着听着跃跃欲试，连我也不时听进心里面去了；转过头看那两位姓王的幕僚，简直就如产仔的母狗模样。"

王濛也是清谈高手，是一个麈尾常不离手之人（见《晋书·王濛传》）；王述以性情直率著称，是一个急性子（见《晋书·王述传》），这两位个性不同的人物，都被殷、王二人的马拉松式清谈镇住了，"辄翣如生母狗馨"，话虽粗俗，却也描画出他们聚精会神、心无旁骛、专一谛听的样子。

这大概是王导平生最精彩的清谈之一。殷浩与他，可谓棋逢敌手。或许，王导早就期待与殷浩过招，因为殷浩的名气实在很大。《晋书·殷浩传》说："浩识度清远，弱冠有美名，尤善玄言。"他经常跟叔父殷融过招，就口谈而言，叔父没有一次赢过他，"融与浩口谈则辞屈"。殷浩的声名于是传播开来。而为高手的王导，自然不会放过机会，故而，殷浩一到建康，王导就张罗了这一场高峰对决。

我们不知道他们谈论的是什么话题。不过，王导南渡后，清谈话题不出三种：声无哀乐、养生、言尽意（参见《世说新语》文学门第二十一则）。或许，从白天到晚上，这三个话题都谈及了，也说不定。

清谈的一个规矩是"共谈析理"，即某一场的清谈，围绕某个话题，双方互有攻防，有如辩论赛，目的是"析理"。

与之相对应的是"共相往反"，即论争可以有若干回合，但只是在论辩双方之间展开，在场的其他人不得插嘴，即"其余诸贤，略无所关"。

而所谓"析理"，最佳结果是理解玄学理论的相互关联，最后直达"理源所归"；如此则畅然无阻，一通百通。同时，还要辅之以"辞喻不相负"，即既有学理上的表述，又有形象生动的文学性比喻，相辅相成，相得益彰；不然，即为"相负"，就不是清谈的理想效果了。

评判一场清谈是否达到极致，是有标准的，标准就是"彼我相尽"，即双方都畅所欲言，使出看家本领，尽显清谈家风范。

此外，在场的桓温也值得一说。他是东晋历史上的重要人物，虽是反面的，但也绕不开他。他当时只有做听众的份。不过，桓温自我感觉良好，说自己悟性不错，听着殷、王清谈，而"时复造心"。他显然是佩服王导，也佩服殷浩的。可是，在桓温的心目中，清谈是清谈，政治是政治，二者绝不混为一谈。于是，在日后的官场生涯里，殷浩由于站在简文帝的一边，得罪了桓温，极具野心的桓温认为殷浩阻碍了自己谋取大位的进程，找了一个借口将其废为庶人。这件事，殷浩至死也想不通，成了他的心病，没人的时候，默念着"咄咄怪事"；一代清谈高手，在政治上没有多少建树，而遭人排挤打击，竟至于黯然离世。此乃后话。

15▸ 元皇帝①既登阼②，以郑后③之宠，欲舍明帝而立简文。时议者咸谓："舍长立少，既于理非伦，且明帝以聪亮英断，益宜为储副④。"周、王⑤诸公，并苦争恳切。唯刁玄亮⑥独欲奉少主，以阿帝旨⑦。元帝便欲施行，虑诸公不奉诏。于是先唤周侯、丞相入，然后欲出诏付刁。周、王既入，始至阶头，帝逆遣传诏⑧，遏使⑨就东厢⑩。周侯未悟，即却略⑪下阶。丞相披拨传诏⑫，径至御床前曰："不审陛下何以见臣？"帝默然无言，乃探怀中黄纸诏裂掷之。由此皇储始定。周侯方慨然愧叹曰："我常自言胜茂弘，今始知不如也！"（方正23）

释义

①元皇帝：晋元帝司马睿。

②登阼：登基。

③郑后：小名阿春，出身于河南荥阳郑氏，世为冠族；先嫁渤海田氏，守寡，后被司马睿看中，纳为琅邪王夫人。与司马睿生二子一女，其中次子为司马昱（简文帝）。太元十九年（394），孝武帝司马曜追封其为简文宣太后，故称。

④储副：即皇储。

⑤周、王：周颛、王导。

⑥刁玄亮：刁协，字玄亮。晋元帝的宠臣。

⑦以阿（ē）帝旨：逢迎皇帝的意旨。阿，逢迎。

⑧逆遣传诏：皇帝急派太监迎面传诏。逆，迎面挡住。

⑨遏使：强令。

⑩东厢：此指正殿东侧的厢房。

⑪却略：往回走。

⑫披拨传诏：一手推开传诏的太监。

释读

晋元帝司马睿已然登基，宠爱郑阿春，打算废太子司马绍，改立郑阿春所生的小儿子司马昱为太子。当时立即引发异议，大家都说："舍长立少，一来不符合礼法，二来对于太子司马绍而言不公平，太子聪慧开朗、英俊果敢，更适宜做储君。"周颛、王导等大臣，一个个恳切力劝晋元帝收回成命。只有刁协独力吹捧司马昱，说司马昱最适合做少主，以此迎合晋元帝。晋元帝见终于有人出面支持，就想立即施行，可又生怕其他众多的大臣执意反对，于是想出一个办法：先将周颛、王导二人召入，然后把诏书递给刁协，瞬间即可造成既定事实。周颛、王导奉命入宫，已经走到大殿前的台阶之上，此时，晋元帝忽然派太监迎面传诏，强令二人临时转往东厢房。周颛没有反应过来，就转身往回走，步下台阶。而王导见势不妙，迅速一手推开传诏的太监，径直入内，走到晋元帝的御床之前，说："不知陛下有何事要见臣下呢？"只见晋元帝默然无语，将藏于怀中的黄纸诏书抽出，撕裂后扔在地上。从此之后，皇储问题尘埃落定。事后，周颛不无愧疚，感慨道："常常说我胜过茂弘，今日才知远远不如啊！"

这是一段大内秘闻，很有在场感，十分难得。

整个故事，中间的转折点是"帝逆遣传诏，遏使就东厢"。本来，晋元帝的如意算盘是将周颛、王导召入宫中，与刁协早有默契，等周、王进来，刁协宣读诏书，大事就这么定了。可是，为何忽然"帝逆遣传诏，遏使就东厢"呢？其间，估计晋元帝还在犹豫：就算依计行事，可反对的人多，支持的人少，甚至少到只有刁协一人，尽管自己是皇帝，可这是"王与马，共天下"，自己能说了就算吗？"逆遣传诏"，就是迎面挡住周、王二人，让他们临时在东厢房等候，以便给自己争取多一些时间思考；晋元帝底气不足，这是他不得不犹豫的原因。何况，他的决定实在出格，连他本人也未必说服得了自己的内心。我们联系王导进来后"帝默然无言"的情状，就可以进一步明白晋元帝真的不自信，正因为如此，不待王导争辩，他已经自行撕毁写好的诏书了。在反对的人多、支持的人少的情况下，晋元帝没有办法一意孤行，这也是"王与马，共天下"的实情。

不过，不要低估晋元帝的心计。他要改立太子，不仅仅是为了讨好郑阿春，而是要打破王导等人的势力平衡。从种种迹象看，晋元帝不愿意"王与马，共天下"的局面持续下去，他要扶植属于自己、真正忠于自己的势力，刁协是一个，刘隗也是一个（晋元帝重用并听信刘隗、刁协，严重威胁到琅邪王氏的权势，王敦之乱与此有内在的逻辑关联）；这还不够，据《晋书·简文宣郑太后传》，原来，郑阿春有四姊妹，她本人居长，二妹嫁给长沙王褒，三妹嫁给刘隗从子刘佣，四妹嫁给汉中李氏，三妹和四妹的婚事都是刘隗操办的；同时，晋元帝特召二妹的丈夫王褒为尚书郎。如果将晋元帝要立郑阿春的小儿子司马昱为太子的事情跟上述事实联系起来看，晋元帝想掌控属于自己的节奏是不言而喻的。如果立了司马昱为太子，不久的将来，权势的天平会向着司马氏倾斜，"王与马，共天下"就会破局。

所以，这不只是通常所见的太子废立问题，还内含着严重而尖锐的权力格局之争。王导当机立断，"披拨传诏，径至御床前"，趁着晋元帝把持不定的契机，化解了一场政治危机。

在这个故事里，周颙的角色比较尴尬。因为他是晋元帝拉拢的对象，从王敦起兵犯阙，周颙力救王导成功就可以知道周颙在晋元帝的心目中有多重要。周颙在西晋政权里有过历练，连王敦也怕他几分，如今，在东晋政权里，周颙不会不明白晋元帝改立太子的用心，他表面上是反对的，但是否很坚定，我们不得而知。可是，从王敦执意要除掉周颙就可以看出，王敦视周颙为晋元帝心腹，如同刘隗、刁协一样，是毫无疑问的。不管如何，周颙事后说自己不如王导，有点自我解嘲、自行下台阶的意味。

《晋书·王导传》记载，王导在晋元帝面前称赞太子司马绍贤明，不同意任何的改立意见。故而，王导深得司马绍的信任。待司马绍继位成了晋明帝，王导"迁司徒"，"剑履上殿，入朝不趋，赞拜不名"。虽然王导辞让，但是，无论如何，王导当日果断"披拨传诏，径至御床前"的举动在日后得到了丰厚的政治回报，其权势依然相当稳固。

还要看到，王导的及时行动在一定程度上延缓了"王与马，共天下"的格局被改变的进程。在关键时刻，王导保住了司马绍的太子地位，司马绍对王导另眼相看，这才出现如下场景：司马绍登上大位，随即联手王导，一举铲除王敦的叛变势力。显然，司马绍成为晋明帝之后，与他的父亲晋元帝不同，晋元帝眼中的王敦、王导都姓王，对王导不无戒备，周颢费了多大的口舌才说服了晋元帝不要对王导一家动手；而晋明帝将王导当作自家人，在平定了王敦叛军后，即将驾崩之际，遗诏嘱托王导和庾亮"共辅幼主"。尽管添加了"庾亮因素"，但"王与马，共天下"的格局大体也延续到了晋成帝时代。

16▷ 王丞相作女伎①，施设床席②。蔡公③先在坐，不说而去，王亦不留。（方正40）

‖ 释义

①作女伎：张罗女伎表演。作，张罗；女伎，此指歌女、舞女表演。

②施设床席：为了腾出表演场地，临时移动和摆放床、席。床，此指坐具，主人与贵宾所坐；席，为一般的席位。

③蔡公：蔡谟。

‖ 释读

王导家里，正在张罗着女伎表演，原有的床、席均要临时移动和摆放。在张罗之前，蔡谟做客王府，本来坐得好好的，没想到忽然要来这么一场表演，座位要移来挪去的，蔡谟不高兴了，赶紧告辞，而王导也不留客。

这个故事的重要看点是"施设床席"，这不是过去时，而是现在进行时。蔡谟是一个不苟言笑、严肃认真的人，如果是过去时，即已经准备好演出场地，他又是当天的客人，已经坐在那里了，应该有看演出的心理准备；可是，蔡谟没有这种心理预期，文本里特别强调"蔡公先在坐"，一个"先"字不可忽略，说明蔡谟以客人身份坐下来在先，而"施设床席"显然在后。正是临时的"施设床席"，惹来蔡谟反感，觉得不合礼仪：我本来到王府做客是要谈正事的，怎么会如此娱乐化呢？这对于蔡谟而言不可接受，拂袖而去。

很有可能，这一次蔡、王二人的谈话颇不投机，王导也甚感厌烦。王导与蔡谟素来多有龃龉，大概谈不下去了，那就干脆娱乐娱乐，才出现"施设床席"之举。否则，王导本有家乐，即家庭歌舞班，什么时候演出都没有问题，为何偏偏要在蔡谟做客时临时安排呢？关键是蔡谟还十分不喜欢女伎，这到底唱的是哪一出呢？

最令人思疑的是"王亦不留"四字，如果是王导善意安排，让蔡谟观赏他们家的女伎演出，蔡谟要离开，礼貌上也应该挽留一番，以尽主人之谊，而王导竟然表现出要走就走的姿态，二人此前没有谈拢应是主要原因。而王导在此背景下"施设床席"，刻意安排女伎演出，大有变相下逐客令的嫌疑。

《世说新语》轻诋门第六则可以与之合看。其原文是："王丞相轻蔡公，曰：'我与安期、千里共游洛水边，何处闻有蔡充儿？'"所谓"蔡充儿"就是蔡谟（按：蔡充是"蔡克"之误；蔡谟是蔡克的儿子）。所谓"安期、千里"即王承、阮瞻，他们与王导在洛阳的时候经常在洛水边游玩、清谈。以上一段文字，表达出王导对蔡谟的不屑。王导生于晋武帝咸宁二年（276），蔡谟生于晋武帝太康二年（281），王导比蔡谟虽略大一点，但还算是同辈人，可他们在性格、思想、行为方式等多方面都合不来。故而，"蔡公先在坐，不说而去，王亦不留"，对于二人来说，也就不算什么稀奇之事了。

与蔡谟不同，王导在政治之外喜欢声色之乐；其人好色，不必讳言。这是他性格的另一个侧面。

17 ▶ 王丞相令郭璞①试作一卦，卦成，郭意色甚恶②，云："公有震厄③！"王问："有可消伏理④不？"郭曰："命驾西出数里，得一柏树，截断如公长，置床上常寝处，灾可消矣。"王从其语。数日中，果震柏粉碎，子弟皆称庆。大将军云："君乃复委罪于树木。"（术解8）

‖ **释义**

①郭璞：字景纯（276—324），晋河东闻喜（今山西闻喜）人。长于占卜之术。渡江后，得到王导的赏识，引为幕僚。后任王敦记室参军，因劝阻王敦叛乱被杀。

②意色甚恶：神情极为难看。恶，此指难看。

③震厄：震雷之厄。

④消伏理：消灾镇伏的方法。理，此指化解之理。

释读

王导令身边幕僚郭璞为自己试卜一卦，卦成，郭璞神色极为难看，语气凝重地说："明公将有震雷之厄！"王导问："可有消灾镇伏之法？"郭璞答道："您派出一辆车，往西走数里路，会见到一棵大柏树，截取柏树的一段树干，长度跟您的身高相等，运回来后，放置于您常常睡觉的地方，此灾可除。"王导听从此言，如法照办。没过几天，果然有震雷将柏树的树干震得粉碎，王府子弟见此灾已消，人人称庆。王敦却对王导说："你这一回是委罪于树木了。"

刘孝标注引王隐《晋书》说郭璞有"消灾转祸，扶厄择胜"的本事。不过，撇开神秘色彩和宿命论观念，这个故事的一个重要看点是为何王导要郭璞给他占一卦？这说明王导尽管意态从容，施行"无为而治"，尽量做到面面俱圆，可是，他的内心还是不能平静，还会有深深的忧虑，还要担心自己的命运不能掌握在自己的手里。一句话，王导心知肚明会有不顺的时候，也难免诚惶诚恐。

王敦说"君乃复委罪于树木"，未免显得大煞风景，可话既然这么说，暗示王导也有做错事情的时候，否则，又何来"委罪于树木"呢？王敦眼中的"罪"到底指什么，不得而知，但是，王导不是圣人，会有诸种不是，在复杂的政治环境里，王导活得并不轻松。

18> 王导、温峤俱见明帝，帝问温前世①所以得天下之由。温未答。顷，王曰："温峤年少未谙，臣为陛下陈之。"王乃具叙宣王②创业之始，诛夷名族③，宠树同己④，及文王⑤之

末，高贵乡公事⑥。明帝闻之，覆面着床曰："若如公言，祚安得长⑦！"（尤悔7）

释义

①前世：此指司马氏祖辈。

②宣王：即司马懿，其子司马昭封晋王后，追尊其父为宣王。

③诛夷名族：此指诛灭曹魏的名门望族，如曹爽、何晏等，时在正始年间。

④宠树同己：重用自己的人马。

⑤文王：即司马昭，其子司马炎登基后，追尊其父为文帝，又称文王。

⑥高贵乡公事：此指曹丕之孙曹髦的遭遇；曹髦与司马昭冲突尖锐，说"司马昭之心，路人所知也"，后被司马昭部属所杀。曹髦初封高贵乡公，于254年至260年在位，死后无号，史家即以其旧封号"高贵乡公"称之。

⑦祚（zuò）安得长：皇朝国运怎么可以长久。祚，本指皇帝的地位，代指皇朝国运。

释读

王导、温峤一起去朝拜晋明帝，明帝面对温峤问及司马氏祖辈之所以得到天下的缘由。温峤不敢回答。随后，王导说："温峤出生晚，不了解情况，为臣来给陛下说一说吧。"于是，王导具体讲述了司马懿在创业开始的时候，如何诛灭曹魏的名门望族，如何重用自己的人马，以及司马昭在晚年如何跟高贵乡公作对等事。明帝一一听明白后，惊讶不已，坐也坐不稳，掩面着床，说："要是真的如您所言，我们司马氏的国运怎么可以长久！"

晋元帝在王敦谋反的严峻局势下驾崩，晋明帝在乱局中登基。王敦本是西晋皇室的成员，是开国皇帝司马炎的女婿，却如此顽劣嚣张，一定引起晋明帝的某些不解。晋明帝年纪尚轻，他眼看着自己的父亲因为王敦的背叛而忧心如焚，操劳过度，并过早去世；也曾眼看着父亲从琅邪王变为晋元帝，到底司马氏是如何得到政权的，所知不多，于是，才会对温峤发问。

温峤不敢回答。他固然比王导晚出生（王生于276年，温生于288年），可是，司马懿创业的那个时代对于王导、温峤而言同样遥远，他们二人都出生于曹魏政权灭亡之后。王导所说的一切，温峤未必不知道；或者可以倒过来说，温峤所知未必一定比王导少。他们从小生活在北方，都会从长辈口传的故事里得悉司马氏的过去。只是温峤有所顾忌，生怕实话实说会大大刺激了晋明帝。这是温峤懂得世故的表现。

王导同样世故，可为何他没有遮掩地说出了实情呢？在这里，王导年岁比温峤大的好处就显露出来了。王导是晋明帝父亲的好友，是明帝本人的长辈，他是看着明帝长大的，更何况，明帝当日的太子地位还是王导力保下来的，《晋书·王导传》记晋元帝意图改立司马裒为太子，王导反对，"（王）导日夕陈谏，故太子卒定"，明帝对此清清楚楚（《世说新语》方正门第二十三则记晋元帝想改立司马昱为太子，说法有异，可以参看）。所以，王导有资格对明帝讲史，这是温峤不如他的地方。

王导是东晋政权的建立者之一，他向明帝说出司马氏得天下的血腥历史，或许是在暗示政治斗争的残酷性，让明帝有充分的心理准备，因为当下明帝正处于王敦之乱的极端困扰之中。

19 > 王敦引军，垂至①大桁②，明帝自出中堂。温峤为丹阳尹，帝令断大桁，故未断，帝大怒，瞋目，左右莫不悚惧。召诸公来。峤至不谢③，但求酒炙④。王导须臾至，徒跣下地⑤，谢曰："天威在颜，遂使温峤不容得谢。"峤于是下谢，帝乃释然。诸公共叹王机悟名言。（捷悟5）

|| **释义**

①垂至：片刻即到。

②大桁（héng）：大的浮桥，此指朱雀桥，位于建康城南，正对着朱雀门。桁，本义是屋架或山墙上托住椽子的横木，此代指跨度较大的浮桥。

③谢：道歉，自责。

④酒炙：酒肉。炙，代指烤肉之类。

⑤徒跣下地：赤脚伏于地上。

|| **释读**

王敦举兵犯阙，大军片刻就到朱雀桥。晋明帝从中堂出来，命令时任丹阳尹的温峤将桥砍断；不知为何，朱雀桥没有断掉，晋明帝大为恼火，怒目圆睁，身边的侍卫和官员无一不惊恐畏惧。晋明帝连忙召集众大臣，温峤来到后，却没有自责，一声声要人将酒肉送来。王导没过多久也到了，只见他赤脚伏于地上，面对晋明帝谢罪道："陛下已经天威在颜，震慑一切，温峤一下子就无法及时谢罪了。"温峤听毕，随即下跪，自称死罪，晋明帝这才平息心头之火。在场大臣无不赞叹王导机敏，将他急切里的应对传为名言。

这是晋明帝时期王敦之乱的一个小插曲，形势危急，惊心动魄，王导的一句话化解了突如其来的君臣冲突，使得温峤躲过了一个劫难。

刘孝标注引《晋阳秋》等文献的记载，说"（王）敦将至，（温）峤烧朱雀桥以阻其兵"，这个说法估计可信，但跟上述故事并不矛盾，可能二者有一个时间差，即"帝令断大桁，故未断"在前，而"峤烧朱雀桥以阻其兵"在后。正是因为朱雀桥一下子断不了，温峤干脆下令烧毁，以阻挡叛军的进攻。这就可以解释为何温峤来到晋明帝面前"但求酒炙"，这是他成功烧朱雀桥之后的邀功之举，没想到晋明帝还在生桥未断的气！而王导消息灵通，得知晋明帝大动肝火，急忙连鞋也来不及穿上，就赶往大殿，替温峤缓颊，这样才平息了一场风波。

温峤是没想到晋明帝还在生桥未断的气的。他在诸公进来后才到达，原因是他要指挥烧桥。他兴冲冲地进入大殿，没怎么看皇帝的脸色，这才出现贸然要酒炙的举动。这也符合当时温峤内心的想法：我终于完成任务，将王敦叛军阻拦于朱雀桥之外了，来些酒肉庆贺一下，有何不可！

在这个故事里，晋明帝不够淡定，慌里慌张，在应对危机之际，不合时宜地召集大臣，发了一通脾气，表露出他的性格缺点，难怪在平定王敦之乱后不久他就驾崩了。王敦之乱使得晋明帝六神无主，精神消耗极大，他生温峤的气，就是一个例子。

王导在朝中一定有很多眼线，随时向他提供准确的情报。为什么他在温峤之后才来到大殿呢？当时，千钧一发，王导在协调各方力量去应对来势汹汹、"垂至大桁"的王敦叛军，他本来抽不出身，这是他身为丞相的职责所在，哪有时间去开什么临时会议呢？可是，皇帝发火，不可收拾，他于是光着脚跑进大殿，赶紧前来灭火。"徒跣下地"这个细节值得仔细品味。

温峤当初离开北方南渡，在踏足江南之际，目睹百废待兴的景象，忧心忡忡；可是，与王导深谈过后，二人结为深交，温峤对王导治下的江南有了信心，这还是晋元帝时代的事情。这一次，已经进入晋明帝时代，温峤飞来横祸，王导及时相救，也可见二人交情之深了。

20 有往来者①云：庾公有东下意②。或谓王公："可潜稍严，以备不虞。"王公曰："我与元规虽俱王臣，本怀布衣之好③。若其欲来，吾角巾④径还乌衣⑤，何所稍严。"（雅量13）

‖ 释义

①往来者：流转于外地的人（便于获取信息和情报）。

②有东下意：晋成帝时代，苏峻之乱平定后，庾亮进号征西将军，镇守武昌；所谓"东下意"指他意图从武昌东下京城建康。

③布衣之好：常人间的友情。

④角巾：一种方头巾，闲时穿戴，不分贵贱。

⑤乌衣：即著名的乌衣巷，琅邪王氏聚居于此。

‖ 释读

有流转于外地的人密报：庾亮有意从武昌东下，向京城建康进发。有人接获这一情报后提醒王导："可以暗中有所戒备，以防不测。"王导坦然道："我跟元规虽说都是朝廷大臣，可我们也保持着常人间的友情。要是他真的要入京取我而代之，我干脆改戴角巾，绝不迟疑，返回乌衣巷过我的平静日子好了，用得着有所戒备吗？"

《晋书·王导传》有相近的记载，王导的话略有差异："吾与元规休戚是同，悠悠之谈，宜绝智者之口。则如君言，元规若来，吾便角巾还第，复何惧哉！"并对来人示意说："庾公，帝之元舅，宜善事之。"

表面上看，王导息事宁人，不愿意做庾亮的对立面；可当时的事实是："时（庾）亮虽居外镇，而执朝廷之权，既据上流，拥强兵，趣向者多归之。（王）导内不能平。"所谓"内不能平"，已经表明王导对朝政的主导权逐渐旁落，人们开始不大听他的，转而听从庾亮的指挥，所以，"趣向者多归之"。另据《晋书·庾亮传》，当时的政情于王导极为不利，一则"陶侃尝欲起兵废（王）导"，一则"（庾）亮又欲率众黜（王）导"，虽然都没有立即施行，但对于王导的围堵态势已然形成。所谓"庾公有东下意"，正是以此为背景的。

这是"王与马，共天下"渐渐嬗变为"庾与马，共天下"的过渡阶段，是东晋历史进程中的重要转折点。可以说，史有明文，王导不得不承认"庾公，帝之元舅"这一不可改变的新的政治增长点。这个政治增长点，配以"据上流，拥强兵"，王导意识到"王与马，共天下"已经走向终结，大势已去，无力回春。

王导毕竟是老牌政治家，他懂得分析大势，知所进退；有始有终，有长有消，此消彼长，符合易理。他是清谈家，也是玄学家，深谙易理自是不在话下。他不像族兄王敦那样莽撞，那样顾前不顾后，才有效地延续了自己的政治生命。岁月流逝，与他有布衣之好的晋元帝司马睿驾崩日久，他自己年齿日长，身体欠佳，"角巾还第"的时候也就差不多到了。

就王导那种云淡风轻的回应而言，与其说是有雅量，不如说是他已经丢掉妄想；王导多历年所，阅世已深，倦于宦情，不再有当初南渡时的飞扬想象了。

21 丞相尝夏月至石头看庾公。庾公正料事①，丞相云："暑可小简之②。"庾公曰："公之遗事③，天下亦未以为允④。"

（政事14）

释义

①料事：料理政务。

②小简之：稍微简化一点。小，通"稍"。

③遗事：指放下政事。王导主张宽简政务，无为而治，所谓"遗事"指此。

④未以为允：并不认为是妥当的。

释读

有一次，王导在夏天到京师石头城看望庾亮。当时，庾亮正在料理政务，王导看到他那聚精会神的样子，就说："大热天，可以稍微简化处理嘛。"庾亮回应道："都知道您习惯放下政事，可天下人并不认为是妥当的做法。"

《晋书·庾亮传》记载："王导辅政，以宽和得众；（庾）亮任法裁物，颇以此失人心。"可见，王导与庾亮的理政风格很不一样，前者宽，后者严。

两个人都是东晋前期的实权人物，可在晋元帝驾崩之后，他们跟司马氏皇朝的关系发生了一些微妙的变化，王导跟当朝皇帝不再有识于微时的情感联系，而庾亮却以外戚的身份与当朝皇帝关系密切（晋明帝是他的妹夫，他是晋成帝的舅舅），可以深度介入朝政。尤其是晋成帝登基之后，政治态势发生明显变化，基本局面是"太后临朝，政出舅氏"（阮孚语，见《资治通鉴》卷九三）；太后就是庾亮妹妹，舅氏就是庾亮本人。表面上，庾亮与王导同时辅政，可实际上，王导的权力与庾亮的权力正处于动态的此消彼长之中。从上述对话可以看出，庾亮显然对王导的"遗事"作风表达了不满，一句"天下亦未以为允"，已内含教训口吻。

可要知道，王导何许人也？东晋开国皇帝晋元帝登基时还要让王导同坐皇位，那时的王导何等风光，何等荣耀；就政治地位而言，晋元帝时代的王导仅仅是一人之下，"朝野倾心，号为'仲父'"（《晋书·王导传》），是"王与马，共天下"的标志性人物。比王导年轻了十几岁的庾亮，本来没资格去教训王导，可如今他已是国舅，可以出言不逊，可以目中无人，而此时的王导，面对咄咄逼人的庾亮也要礼让三分。曾有人善意提醒他要对庾亮有所防备，王导干脆说："元规若来，吾便角巾还第。"（《晋书·王导传》）无意跟庾亮争长论短。

《世说新语》轻诋门第四则记一段相关的逸闻："庾公权重，足倾王公。庾在石头，王在冶城坐（按：冶城在建康，故址在今南京朝天宫一带），大风扬尘，王以扇拂尘曰：'元规尘污人！'"最为可圈可点的是"庾公权重，足倾王公"八个字，王导深感庾亮的存在对自己有严重威胁，才会说出"元规尘污人"的轻蔑之语。王导的内心并非平静，时有心潮起伏。

上面王导跟庾亮的对话，隐含着一个历史进程中的重要信息："王与马，共天下"已经逐渐向着"庾与马，共天下"转变，结构还是原有的结构，可是参演的角色隐然有所更替。读《世说新语》，有时候是可以见微知著的。

反观王导，一代杰出的政治家，已经有些无可奈何了。岁月蹉跎，王导的心态不会始终如一，起码，他当初在新亭与周颛等人饮宴时说过的"勠力王室，克复神州"等豪言壮语，已随风飘散，豪气不再。看来，他争不过庾亮，他毕竟老了。

22 丞相末年①，略不复省事②，正封箓诺之③。自叹曰："人言我愦愦④，后人当思此愦愦。"（政事15）

释义

①末年：晚年。

②略不复省事：意为大体上不再像往日那样全情投入地处理政务。略，大体。省事，即视事，处理事务。

③封箓（lù）诺之：封好文书，在封面上批复"诺"字，表示同意。箓，文书，簿册。

④愦（kuì）愦：糊涂。下文"思此愦愦"，意为应该明白这样糊涂的好处。思，想明白。

释读

王导晚年，大体上不再像往日那样全情投入地处理政务。有一次，他正封好文书，在封面上批复"诺"字，表示同意，不禁自己感叹道："大家都说我老糊涂，后代的人应该会想明白我这老糊涂的好处。"

王导一向主张顺势而为，避免折腾。一方面，他信奉儒家学说，赞同"三年不为礼，礼必坏；三年不为乐，乐必崩"的理念（《晋书·王导传》），即要维护基本的纲常框架；另一方面，他"善于因事"，理政以"宽简"为原则，表面上好像不大作为，可实际上是在顺应时局、顺乎民情，一切都讲究一个"顺"字。到了晚年，其思路和风格没有改变，还显得更为宽简了，于是，"封箓诺之"就成了常态，这才会有庾亮所说的"遗事"之举，才会风闻"愦愦"之言。

《世说新语》雅量门第十四则记王导的另一件逸事，可以参看："王丞相主簿欲检校帐下。公语主簿：'欲与主簿周旋，无为知人几案间事。'"大意为：王导身边的主簿即丞相的机要秘书打算检查下一级的主簿（帐下，即下属机构掌管文书簿籍的文官）的工作，王导劝他还是免了为好，跟下一级的主簿打交道，不能把人家"几案间"发生的事情打听得一清二楚，要是这样反为不妙。王导大概持有"水至清则无鱼"的观念，以其"愦愦"来保证施政的有效性。

然而，王导是心中有数的，他并不认为自己是在偷懒，而是做了自己该做的事。他相当自信，相信后人会对他的宽简做法给予理解和好评。"人言我愦愦，后人当思此愦愦"，这大概就是王导的政治遗言。

刘孝标注引徐广《历纪》曰："（王）导阿衡三世，经纶夷险，政务宽恕，事从简易，故垂遗爱之誉也。"即王导历经晋元帝、晋明帝、晋成帝三世，处理过大大小小无数的政务，每每有化险为夷之效，其理政风格就是"政务宽恕，事从简易"八个字，史家还是认可王导的为政主张的，"垂遗爱之誉"是很高的评价了。

23> 郗太尉①晚节好谈②，既雅非所经③，而甚矜之④。后朝觐，以王丞相末年多可恨⑤，每见，必欲苦相规诫。王公知其意，每引作它言。临还镇⑥，故命驾诣丞相。翘须厉色⑦，上坐便言："方当乖别⑧，必欲言其所见。"意满口重⑨，辞殊不流⑩。王公摄其次曰⑪："后面未期，亦欲尽所怀，愿公勿复谈。"郗遂大瞋，冰矜⑫而出，不得一言。（规箴14）

‖ 释义

①郗太尉：郗鉴（269—339），字道徽，东晋高平金乡（治今山东嘉祥阿城铺）人。官至太尉，故称。

②晚节好谈：晚年喜欢说长论短，议论是非得失。谈，此处特指说长论短。

③雅非所经：素来并非他所擅长。雅，素来，一向。所经，擅长。

④甚矜之：颇以此而自我夸耀。矜，夸耀。

⑤多可恨：有不少令人感到遗憾、不满的事情。

⑥还镇：返回自己镇守的地方。

⑦翘须厉色：昂起头来，胡须朝上，脸色严峻。翘须，形容下巴上翘。"翘须厉色"前原有"丞相"二字，涉上文而衍，今据《世说新语》的唐写本删去。

⑧乖别：分别。

⑨意满口重：意为想说的话很多，而嘴巴好像太沉了张不开。

⑩辞殊不流：嗫嗫嚅嚅，话语极不流畅。

⑪摄其次曰：意为趁着郗鉴断断续续说话的间歇插嘴说。次，即话语的次第，指上一句与下一句之间的间歇。

⑫冰矜：有如满脸冰霜，脸色阴沉而傲慢。冰矜，原作"冰衿"，今据《世说新语》的唐写本改；张永言主编《世说新语辞典》亦将"冰矜"列为词条（四川人民出版社，1992年，第24页）。又，余嘉锡先生为本则故事加按语，说："唐写本，则作'冰矜'，点画甚分明。盖郗公不善言辞，故瞋怒之余，唯觉其颜色冷若冰霜，而有矜奋之容也。"

⫴ 释读

郗鉴晚年喜欢说长论短，议论朝政的是非得失。然而，说长论短素来并非他所擅长，可他却以此自我夸耀。后来，他上朝觐见皇帝，总是认为王导暮年所做的事情有不少令人感到遗憾之处，每一次在朝中见到王导都要苦劝一番，以作规诫。王导也明白郗鉴的意图，却每每将话语岔开，引到别的话题上来。郗鉴心有不甘，在即将返回镇守驻地之前，刻意乘车去王导家里。相会时，但见郗鉴昂起头来，胡须朝上，脸色严峻，一落座就说："正当分别之际，还是有话要说，一定要将我的看法讲出来。"郗鉴想说的话很多，而嘴巴好像太沉了张不开似的，嗫嗫嚅嚅，话语极不流畅。王导趁着郗鉴说话支支吾吾、断断续续的间歇，插嘴说道："以后见面，尚未有期，我也想将心里的话倾诉而出，可还是希望明公您不要再提了吧。"郗鉴听毕，满脸冰霜，傲然而出，气得连一句话也说不出。

为什么郗鉴就算自己不擅于说长论短也要"晚节好谈"呢？这是故事的焦点所在。

郗鉴与王导都死于晋成帝咸康五年（339），而论年岁，郗生于晋武帝泰始五年（269），王生于晋武帝咸宁二年（276），郗鉴为长，比王导大七岁。他的火气那么大，除了个性以外，与他的辈分也有关系。

所谓"晚节好谈"是有针对性的，针对的是王导主政之下的政治生态。据《晋书·郗鉴传》，郗鉴与琅邪王氏是同乡，但是，郗鉴与琅邪王氏关系并不融洽，尤其是跟王敦关系紧张，而王敦也很忌恨他，想过对他动手，却又顾忌郗鉴的社会名望；王敦曾对钱凤说："郗道徽儒雅之士，名位既重，何得害之！"而在王敦之乱时期，郗鉴帮助晋明帝出谋划策，故而晋明帝平定王敦叛乱，郗鉴也有功劳。另一方面，在一些具体的问题上，郗鉴与王导有分歧，如王导要关照一个叫周札的，郗鉴以周札与王敦有不明不白的关系为由，反对赠官给周札；又如，郗鉴知道蔡谟经常跟王导作对，于是大力举荐蔡谟，以便抗衡王导。诸如此类，都说明郗鉴与王导素来不和，其"晚节好谈"，盯住王导不放，是有缘由的。

上面的故事里，郗鉴对王导不依不饶，朝廷内没解决，干脆跑到王府去闹。从王导的反应可知，他对郗鉴已经感到厌烦。本来，王导并不是听不得不同意见，王述当众说出"主非尧、舜，何得事事皆是"（《世说新语》赏誉门第六十二则），王导不以为忤，反而表扬了王述不说假话，可是，为何他就是听不得郗鉴的批评意见呢？具体情况，不得而知，颇有可能是作为北方人的郗鉴看不惯王导对江南人的格外照顾。而王导自以为做得对，不接受一切相关的批评。此乃大是大非问题。

不管如何，故事里的郗鉴绝非等闲之辈，他对王导不满，代表了东晋相当一部分政治人物的看法。王导晚年面对着越来越大的政治压力，是毫无疑问的。

24 王丞相招祖约①夜语，至晓不眠。明旦有客，公头鬓未理，亦小倦。客曰："公昨如是，似失眠。"公曰："昨与士少②语，遂使人忘疲。"（赏誉57）

|| **释义**

①祖约：祖逖的胞弟。平定王敦之乱有功，进号镇西将军。后与苏峻一起举兵，背叛朝廷，是为苏峻、祖约之乱。事败，祖约投奔石勒，为石勒所杀。

②士少：祖约，字士少。

|| **释读**

王导邀请祖约夜谈，一直聊到天亮，没有睡觉。第二天一早，客人依约而至，王导出来见客，头发未及梳理，人也显得略为疲惫。客人见状，说："明公昨夜似乎失眠了。"王导回应道："昨夜与士少交谈，谈着谈着不觉时间过得快，当时也不觉疲倦。"

祖约是祖逖的胞弟，祖逖死后，祖约代祖逖为平西将军、豫州刺史，"领（祖）逖之众"（《晋书·祖约传》）。换言之，祖约接掌了祖逖的军队，这是朝廷对祖约有所忌惮的原因。

祖约性格粗豪，与王导不是同一路人。可是，二人何以谈得如此投契呢？具体情况，不得而知。但可以推断的是，王导专门找祖约夜谈，看来是有些紧要的事情，否则，可以等到白天再谈。

最有可能的是王导出面安抚祖约，以期争取拥有军队的祖约效命朝廷。而王导尽显个人魅力，以其灵活的谈话技巧、亲切的语气、巧妙的应对，获得祖约的信任。通宵达旦，哪怕不睡觉，也要跟祖约谈妥，这是王导的工作态度，可见他不是一味"愦愦"的，该做的事还是用心去做。

尽管这一次王导与祖约相谈甚欢，可是，祖约就是祖约，用其异母兄长祖纳的话说，其人"假其权势，将为乱阶"（《晋书·祖约传》），正如祖纳所料，祖约还是与苏峻联手反叛朝廷，终致死于非命，为石勒所杀，时在晋成帝咸和五年（330）。

此时，王导尚在世，不知他得到祖约死讯时会作何感想。

25 ▷ 宣武①移镇南州②，制③街衢平直④。人谓王东亭⑤曰："丞相初营建康⑥，无所因承⑦，而制置纡曲⑧，方此为劣⑨。"东亭曰："此丞相乃所以为巧。江左地促⑩，不如中国⑪；若使阡陌条畅，则一览而尽。故纡余委曲⑫，若不可测。"（言语102）

|| **释义**

①宣武：桓温（312—373），字元子，东晋谯国龙亢（今安徽怀远西北）人。晋明帝女婿。官至大司马。有废晋自立的野心，未果而死。谥号"宣武"，故称。

②南州：城名，故址在今安徽当涂，是京师建康的主要门户之一，地当长江重要渡口。又名姑孰。

③制：规制，规划。

④街衢（qú）平直：指城市街道平整方正，有如古代的长安，条条块块，方直布局。

⑤王东亭：王珣（349—400），字元琳，王导之孙。官至尚书令。曾封为东亭侯，故称。

⑥初营建康：当初规划、建设京师建康的时候。

⑦无所因承：没有参考过历史上别的京城的设计。

⑧制置纡（yū）曲：制订城市规划时偏向于高低起伏、蜿蜒曲折，而不是平直方正。纡，弯曲。

⑨方此为劣：一跟这里比较就显得逊色多了。劣，逊色。

⑩江左地促：意为江东地势多起伏而欠平缓，此处主要指京师建康而言。

⑪中国：此指北方平原，即中原一带。

⑫纡余委曲：指高低起伏、蜿蜒曲折。

‖ **释读**

桓温奉命镇守南州城，他所规划的城市街道方正平直，整齐划一。有人对王珣说："王丞相当初规划、建设京师建康的时候，没有参考过历史上别的京城的设计，制订城市规划时偏向于高低起伏、蜿蜒曲折，而不是平直方正。要是跟如今的南州比较，就显得逊色多了。"王珣答道："这才是丞相巧妙的地方。江东地势多起伏而欠平缓，不像北方平原；若是如您所说，定要阡陌整齐、条畅笔直，就只能一览无余，别无风致。而高低起伏、蜿蜒曲折，望不穿，看不透，更会显得富有韵味，引人遐想。"

刘孝标注引《晋阳秋》，提及当年王导在经营建康城时的思路是"镇静群情"。这四个字很重要。

王导的孙子王珣替祖父说话，称赞建康城的布局是"纡余委曲，若不可测"，似乎是从城市美学的角度为祖父辩护。看上去，王珣的说法是可以成立的，也说得比较客观。但是，他没有看到城市美学之外的东西。

那个在王珣面前称道南州街衢布局的人，估计心目中有一个都城的样板，从他大力赞美"街衢平直"这一点来看，可以推断其心中的样板大概就是古代长安的样子；长安城以"街衢平直"著称，日本京都对之有所因承也形成条条块块的城市布局。可是，这样的布局，人为地将道路拉直拉平，人为地使城市街衢大幅拓宽，必定是先大拆、后大建，这不符合王导"镇静群情"的理政思路。

王导的理政思路是尽量照顾老百姓尤其是江东富族的利益，江东最有权势的人物之一顾荣经常表扬王导维护了他们的权益（参见《世说新语》言语门第三十三则），可见，京师建康的街衢规划，除考虑城市美学之外，更内含政治上的重大考量。

此外，东晋政权建立之初，国库空虚，财政严重不足，条件有限，也不容许大肆铺张，把并不充裕的国家储备用在门面上。

王导是政治家，从这一个侧面也能够看得出其思考是缜密、有见识的，是实事求是的。

王导是东晋名士里话题性最强的一位。关于他的历史地位，史学家有截然相反的评论，构成史学界的一桩"王导公案"。

清王鸣盛《十七史商榷》卷五〇"《王导传》多溢美"条说："《王导传》一篇凡六千余字，殊多溢美。要之，看似煌煌一代名臣，其实乃并无一事，徒有门阀显荣、子孙官秩而已。所谓'翼戴中兴，称江左夷吾者'，吾不知其何在也？"（王鸣盛《十七史商榷》，凤凰出版社，2008年，第283页）王氏还列举了王导为人的诸多不是，最大的一条是"导兄敦反，虽非导某，……导固通敦矣"，认为王导当时为正直人士所羞，可知时论于王导不利。

与之相反，陈寅恪特因王氏这番言论写了一篇驳论，题为《述东晋王导之功业》，陈氏毫不客气写道："王氏为清代史学名家，此书复为世所习知，而此条（即'《王导传》多溢美'条）所言乖谬特甚，故本文考辨史实，证明茂弘实为民族之功臣。"并指出："本文仅据当日情势，阐明王导在东晋初期之功业一点，或可供读史者之参考也。"此文篇末云："王导之笼络江东士族，统一内部，结合南人北人两种实力，以抵抗外侮，民族因得以独立，文化因得以续延，不谓民族之功臣，似非平情之论也。"（陈寅恪《金明馆丛稿初编》，生活·读书·新知三联书店，2001年，第55—77页）

《世说新语》里的王导故事，给我们留下深刻印象的是温峤在南渡后与王导深谈，消除了自己从北方带过来的忧虑，对王导治下的东晋政权抱有信心；读者还会记得，王导是如何放下身段结交江东各方人士，是如何注意培养、提拔顾和一类的江南才俊，是如何顾及和维护江东族群的切身利益，而这一切，都是为了使政权稳定，使侨寓江南的北方人有一个比较安稳的立足之地。东晋享有国祚逾百年之久，其最初的基础是王导打下来的；东晋开国皇帝司马睿得以登基，是王导扶助而成的；东晋开国后的两任皇帝晋元帝和晋明帝父子相继遭遇王敦之乱，参与平定这一叛乱的也少不了王导。王鸣盛说"导兄敦反，虽非导某，……导固通敦矣"，此说经不起推敲。晋明帝继位后，王导接获王舒父子的情报，赶紧报告了晋明帝，以便朝廷及时采取对策，精准打击王敦叛军，《资治通鉴》卷九二明文记载："（王）舒与王导俱启帝，阴为之备。"这是晋明帝最终得以平乱的关键，王导之功不可抹杀。故而，我们联系《世说新语》之王导故事，可以判断陈寅恪的论证是成立的，而王鸣盛的说法有失公允。

王导并非完人，他有不少缺点，如好色，家有女伎，享有声色之乐，为人方刚正直的蔡谟就看他不顺眼；他的小妾雷氏，贪得无厌，还干预政务，这跟王导的纵容脱不了干系；他与周颛关系密切，可严重误判，在一定程度上坚定了王敦杀害周颛的决心，有意无意间将自己的恩人推到了王敦的屠刀之下；他有过度自信的时候，乃至于不接受郗鉴的当面质疑。诸如此类，不必讳言。

然而，王导毕竟是一位大政治家，其施政手腕之灵活、"无为而治"之得当、掌控政坛能力之高超，是不多见的。他头脑清醒，知所进退，这就更为难得了。

三 王羲之

　　王羲之（303—361），字逸少，东晋琅邪临沂（今属山东）人，王敦、王导之从子；其父王旷，官至淮南太守。十三岁时拜谒周𫖮，得到周𫖮另眼相看。及长，亦深得其从伯王敦、王导的器重。《晋书·王羲之传》记其"年五十九卒"。

　　王羲之娶妻郗氏，是东晋权势人物郗鉴的女婿；郗鉴选定王羲之为女婿，已成典故，成语"东床快婿"即源出于此。

　　王羲之的生年另有一说，即晋元帝泰兴四年（321）（清钱大昕《疑年录》）。此说颇为可疑，因为王羲之的岳父郗鉴与其从伯王导均卒于晋成帝咸康五年（339），若依据生于321年说，则此时王羲之尚未到弱冠之年；郗鉴与王导在晚年交恶，二人政见不同，关系紧张，甚至到了无法以言语沟通的程度；若王羲之生于321年，其成婚的时候正值郗鉴之晚年，此事则不太可能发生。故此，郗鉴将王羲之招为女婿，当在更早时候，即他与王导交恶之前。此外，还有一个旁证，即王羲之看不起王述，若他与王述一样生于303年，两人是同龄人，同龄人相轻是比较自然的；如果王羲之生于321年，他与王述年岁相差甚大，王述是中朝名士王承的儿子，连王导也很敬重王承，以与王承结交为荣，则作为小字辈的王羲之轻视前辈王述的可能性是比较小的。再有一个旁证，庾亮卒于晋成帝咸康六年（340），临终前上疏称王羲之"清贵有鉴裁"，提拔为宁远将军、江州刺史，这也不会是一个未及二十岁的人所能够得到的。更有一个坚实的证据，《晋书·王羲之传》记王羲之十三岁去见周𫖮，而周𫖮死于王敦之乱时期的晋元帝永昌元年（322），如果王羲之生于321年，则"十三岁"之说完全落空。余嘉锡于《世说新语》企羡门第三则正文之下加按语，认为陶弘景《真诰》及张怀瓘《书断》记王羲之卒于晋穆帝升平五年（361），享年五十九岁，是可信的。由此上推，其生年是303年。

王羲之初为秘书郎，得征西将军庾亮启用为参军，后迁长史；历任宁远将军、江州刺史、右军将军、会稽内史。后决然辞官，优游度日。他出任右军将军最为世人所知，故世称王右军。

王羲之为政多有成绩，《晋书·王羲之传》记载："时东土饥荒，羲之辄开仓振贷。然朝廷赋役繁重，吴会尤甚，羲之每上疏争之，事多见从。"

王羲之书法以"妍美流便"著称，其草书、正书、行书各有个性，虽增损古法，千变万化，但均出于自然，东晋以下历代书家尊之为"书圣"。其法书有《兰亭序》《乐毅论》《十七帖》《快雪时晴》等。

1 > 王右军年减①十岁时，大将军②甚爱之，恒置帐中眠。大将军尝先出，右军犹未起。须臾，钱凤③入，屏人论事，都忘右军在帐中，便言逆节之谋④。右军觉，既闻所论，知无活理，乃剔吐⑤污头面被褥，诈孰眠⑥。敦论事造半⑦，方意右军未起，相与大惊曰："不得不除之！"及开帐，乃见吐唾从横，信其实孰眠，于是得全。于时称其有智。（假谲7）

||| **释义**

①减：未满。

②大将军：即王敦。

③钱凤：字世仪，王敦幕僚，为人奸险好利。

④逆节之谋：意为密谋反叛朝廷。

⑤剔吐：意为用手指抠喉作吐。

⑥孰眠：熟睡。孰，通"熟"。

⑦造半：意为到了一半的时候。

||| **释读**

　　王羲之未满十岁时，王敦相当喜欢他，常常将他安置在自己的帐中一同睡觉。某天，王敦先起来，王羲之还在睡。没过多久，钱凤进来；屏去左右，王敦与钱凤密谋反叛朝廷的大事，忘记王羲之还在帐中睡觉。王羲之这时已醒，躺着不动；他们如何谋划，句句入耳，听得王羲之心惊胆战，又恐如此偷听会惹来杀身之祸，急忙预作掩饰，故意抠喉作呕，呕出来的东西弄脏了头面和被褥，佯装熟睡。二人的谋划到了一半，王敦忽然想起王羲之还没起床，神色大异，钱凤也见状大惊，暗地相约："如此

一来，不得不立刻除掉他！"连忙开帐，只见王羲之睡得满脸口水，一片狼藉，就相信他什么也没听到，免予下手，王羲之因此保住了性命。当时，知情者赞王羲之机智无比。

刘孝标的注有一句按语："按诸书皆云王允之事，而此言羲之，疑谬。"的确，像《晋中兴书》也记载了同一事情，故事的主人公正是王允之（《太平御览》卷四三二引）。唐人编写《晋书》，亦将此事记于《王允之传》。余嘉锡在此条文字之下加笺疏云："其非（王）右军事审矣。《世说》之谬，殆无可疑。"换言之，这个故事存在张冠李戴的情况。

尽管如此，我们不能否定王敦特别喜欢王羲之，将他留在身边的事实。《世说新语》轻诋门第五则有如下记载："王右军少时甚涩讷，在大将军许，王、庾二公后来，右军便起欲去。大将军留之曰：'尔家司空、元规，复可所难？'"所谓"在大将军许"，即可证明王羲之年少时在王敦府中留宿是常有的事，他有点木讷，怕见人，见到有人进来，还想着躲开，王敦赶紧劝他不必如此，自己家的王导（司空）和庾亮（元规）来了，又不会为难你，怕什么！此外，《世说新语》赏誉门第五十五则："大将军语右军：'汝是我佳子弟，当不减阮主簿。'"这是王敦喜欢王羲之的理由，即认定王羲之是琅邪王氏大家族中的"佳子弟"，是优秀人物，跟名气很大、才华出众的阮裕（王敦主簿）起码是不相上下的。

琅邪王氏另一位重量级人物王导也跟王敦看法一样，《世说新语》品藻门第二十八则："王右军少时，丞相云：'逸少何缘复减万安邪？'"万安，即刘绥的字，他是当时一位备受赞誉的人物，如庾琮（字子躬）称之为"灼然玉举"，同时又说"千人亦见，百人亦见"，意为刘绥其人，在百人之中，甚至在千人

之中都是可以一眼就认得出来的，其出类拔萃，可想而知（见
《世说新语》赏誉门第六十四则）。

无论如何，王羲之深得王敦、王导的欢心是无疑的。大概
有此因缘，好事者就将王允之无意间偷听到王敦谋反的故事嫁
接到王羲之头上了。可谓事出有因，查无实据。不过，当小说
读，颇为惊心动魄，令人过目难忘。

2▷郗太傅①在京口②，遣门生与王丞相书，求女婿。丞相语郗
信③："君往东厢，任意选之。"门生归，白郗曰："王家诸
郎，亦皆可嘉，闻来觅婿，咸自矜持④。唯有一郎，在床
上坦腹卧，如不闻。"郗公云："正此好！"访之，乃是逸
少，因嫁女与焉。（雅量19）

‖ **释义**

①郗太傅：即郗鉴，官至太尉，"郗太傅"是对他的尊称。
是东晋位高权重的人物。

②京口：古城名，故址在今江苏镇江。

③郗信：此指郗鉴的信使。

④矜持：故作庄重，拘束而不自然。

‖ **释读**

郗鉴在京口的时候，想与琅邪王氏联姻，于是，给王导写
了一封信，派遣门生送达王府，大致意思是想从王氏家族里招
一位女婿。王导随即对这位信使说："阁下可以到东厢房看看，
请任意挑选。"门生回去向郗鉴报告说："王家的诸位公子，看

样子都不错，听说我们郗家来招女婿，一个个都有点拘谨。唯独有一位，躺在床上，大模大样，还露出肚皮，若无其事，似乎不知道有选女婿这回事儿。"郗鉴听毕，说道："正是这一个好！"仔细打听，得知那一位露出肚皮的是王羲之，于是就将女儿嫁给他了。

这个故事脍炙人口，成语"东床快婿"由此而出。

郗家与王家，两家都是侨寓江东的北方人，都是显赫门第，而且是山东老乡，郗氏是高平金乡（今山东嘉祥西阿城铺）人，王氏是琅邪临沂（今山东临沂）人，估计郗鉴的联姻建议不无政治考虑。

颇为奇特的是，以儒雅著称的郗鉴，为何选中了不拘小节的王羲之呢？我们一下子很难找到答案。但有一条，故事里有"访之，乃是逸少"之语，说明郗鉴并非一时冲动就选定了王羲之，而是要加以考察，将"听到了什么"和"看到了什么"一并纳入考察范围，这就是"访之"二字的内涵，经过了这一程序，最后才有了"因嫁女与焉"的决定。

不能忽视《晋书·王羲之传》里的一条记载"年十三，尝谒周颉，颉察而异之"，由此"始知名"。此外，《世说新语》汰侈门第十二则："王右军少时，在周侯末坐。割牛心啖之，于此改观。"刘孝标注："俗以牛心为贵，故羲之先飧之。"换言之，位于末座的少年王羲之，竟然得到主人周颉的格外青睐，名贵的牛心让这个小朋友先吃，大家一下子就注意到王羲之了。周颉以一种类似于行为艺术的方式帮助王羲之出名。所谓"于此改观"，就是"王羲之"这个名字此时已然进入东晋权贵们的认知领域。郗鉴对王羲之之名应该是早有耳闻的。

当然，更重要的是王羲之的素质，《晋书·王羲之传》说：

"及长，辩赡，以骨鲠称……深为从伯敦、导所器重。时陈留阮裕有重名，为敦主簿。敦尝谓羲之曰：'汝是吾家佳子弟，当不减阮主簿。'裕亦目羲之与王承、王悦为王氏三少。"阮裕是阮籍的族人，"以德业知名"，又"论难甚精"（《晋书·阮裕传》），王敦认为王羲之"当不减阮主簿"，而已经知名的阮裕也对王羲之颇有好评，诸如此类，对于提高年轻时的王羲之的知名度均大有助益。这可能是郗鉴选定他做女婿的主要原因。王羲之在成为郗鉴女婿之前，就已经口碑在外了。

《世说新语》赏誉门第八十则、第一百则均记殷浩称赞王羲之的话语。前者谓"逸少清贵人"，刘孝标注引《文章志》曰："羲之高爽有风气，不类常流也。"后者谓"（羲之）清鉴贵要"，刘孝标注引《晋安帝纪》曰："羲之风骨清举也。"殷浩在当时享有盛名，他对王羲之如此推举，可作旁证，证明郗鉴选女婿并不一定是因为王羲之敢于"在床上坦腹卧"。所谓"坦腹东床"云云，视之为别有趣味的小说家言可也。

3▷ 刘真长①为丹阳尹②，许玄度③出都④就刘宿。床帷⑤新丽，饮食丰甘。许曰："若保全⑥此处，殊胜东山⑦。"刘曰："卿若知吉凶由人⑧，吾安得不保此！"王逸少在坐，曰："令巢、许⑨遇稷、契⑩，当无此言。"二人并有愧色。（言语69）

‖ **释义**

①刘真长：即刘惔，字真长，王羲之好友，谢安内兄。为人清高，爱好老庄。曾做丹阳尹。年三十六卒。

②丹阳尹：丹阳郡行政长官。丹阳，三国时属于吴国，故

址在今江苏江宁东。

　　③许玄度：即许询，字玄度，东晋高阳（今河北保定高阳）人。早年有神童之誉，淡泊名利，优游山水。早卒。

　　④出都：离开京师建康。

　　⑤床帷：床铺帷帐，泛指卧具。

　　⑥保全：此指平安健在。

　　⑦东山：山名，在浙江上虞西南，以风景秀丽著称。谢安早年曾隐居于此。

　　⑧吉凶由人：《左传·襄公二十三年》："祸福无门，唯人所召。"意为祸福均是人为的结果。

　　⑨巢、许：巢父、许由，相传为尧时的高士，隐居不仕。

　　⑩稷、契：后稷、契，后稷是周朝的始祖，契是商朝的始祖。二人并称为贤君。

‖‖ 释读

　　刘惔出任丹阳郡行政长官，许询离开建康来到丹阳，并在刘惔家就宿。刘惔家的卧具如床铺帷帐等是全新的，整洁亮丽，饭菜酒肉也丰富多样、甘美可口。许询大为叹赏，说："如果在这里能够平安健在，就算风景秀丽的东山也比不上啊！"刘惔答道："你要是信'吉凶由人'这句话，我哪能不像你所说的那样保全在这里呢？"其时，王羲之也在座，说："要是让巢父、许由遇上后稷或契，他们可不会这么说。"刘、许二人听后，一时脸红羞惭。

　　刘惔、许询都是老庄的信徒，口头上都说不慕荣利，可是，刘惔住得好、吃得美，丹阳尹有如此待遇，连许询也羡慕不已。刘惔也不无得意，表示如果能够保持这种生活水平则也不作他想了。

　　人是很现实的，哪怕是像刘惔、许询这样的清谈家，面对丰厚的物质享受，也会大动其心，在"床帷新丽，饮食丰甘"的享受中自我陶醉，忘记官场污浊这回事了。

　　相对而言，王羲之还算清醒，他一语中的，效果显著，致使"二人并有愧色"。他们是好朋友，心灵相通；王羲之的话，相当委婉，可刘、许二人听后如芒在背。

4> 王右军与谢太傅①共登冶城②。谢悠然远想，有高世之志③。王谓谢曰："夏禹④勤王，手足胼胝⑤；文王旰食⑥，日不暇给⑦。今四郊多垒⑧，宜人人自效。而虚谈废务⑨，浮文妨要⑩，恐非当今所宜。"谢答曰："秦任商鞅⑪，二世而亡，岂清言致患邪？"（言语70）

‖　**释义**

　　①谢太傅：即谢安，死后赠太傅。

　　②冶城：相传春秋时吴王夫差（一说三国吴）冶铸于此，故名。故址在今江苏南京朝天宫一带。

　　③高世之志：超越世俗之志。

　　④夏禹：即大禹，治水有功，接受舜的禅让而为帝，是夏朝第一代君王。

　　⑤手足胼（pián）胝（zhī）：因为勤劳，手掌和足底都长满厚茧。胼胝，老茧。

　　⑥文王旰（gàn）食：周文王忙于公务，顾不上吃饭，直至天晚才吃。旰，晚。

⑦日不暇给（jǐ）：时间不够用，闲不下来。

⑧四郊多垒：指军队营垒部署在都城四周，非和平安宁之象。

⑨虚谈废务：意为官员沉迷清谈而将公务荒废。

⑩浮文妨要：不切实际的文章妨碍了要紧的事情。

⑪商鞅：战国时卫国人，辅助秦孝公变法，秦国因之变强。秦孝公死后，商鞅被诬谋反，死后被车裂。

‖ 释读

王羲之和谢安一起登上冶城。谢安四顾远望，意态纵横，大有超越世俗之志。王羲之见状会意，不无含蓄地说："大禹治水，勤王效命，手掌足底，满是老茧；周文王忙于公务，整天都没有闲着，总觉得时间不够用，顾不上吃饭，直至天晚才进食。如今，站在冶城眼看京师四周，多有营垒，在此多事之秋，人人都应该勉力学习先贤的勤劳精神。至于沉迷清谈而荒废公务，或者写作不切实际的文章而妨碍了军国要事，恐怕都是不合时宜的。"谢安听后，不以为然，说道："秦国重用过的商鞅使秦国强大起来了，也仅是二世而亡，那时还没有清言，难道是清言误国吗？"

王羲之比谢安年长十七岁，余嘉锡先生在《世说新语笺疏》里引用程炎震的说法，指出当时谢安才二十岁。可见谢安阅历尚浅，当面反驳王羲之，出言不够稳重。

王羲之是有政治见识和治理能力的。《晋书·王羲之传》记王羲之为官之时，"东土饥荒，羲之辄开仓振贷。然朝廷赋役繁重，吴会尤甚，羲之每上疏争之，事多见从"。"事多见从"四字可圈可点，证明王羲之向朝廷提出的意见是合理的，朝廷依从。

此外，《晋书·王羲之传》还摘录了王羲之写给殷浩、谢安等人的书信，都谈及政治问题，条理清晰，见解也不无深刻之处。

反观谢安，年纪轻轻，已颇有名士派头，"悠然远想，有高世之志"，似乎尘俗之事不入怀抱。王羲之看在眼里，有感而发，想对他有所提醒，又不好直说，就以大禹、文王的故事试图激励谢安的入世意识。客观上看，"四郊多垒"是实情，这不是祥和之象；置身其中，难以超脱，这是王羲之语重心长说出那一番话的用心所在。

谢安日后也成长为杰出的政治家，但是，此时的谢安难免青涩；说不定，王羲之的那一番话，谢安还是记在心里的。

5 王逸少作会稽①，初至，支道林②在焉。孙兴公③谓王曰："支道林拔新领异④，胸怀所及乃自佳，卿欲见不？"王本自有一往隽气⑤，殊自轻之⑥。后孙与支共载⑦往王许⑧，王都领域⑨，不与交言。须臾支退，后正值王当行⑩，车已在门。支语王曰："君未可去，贫道与君小语。"因论庄子《逍遥游》。支作数千言，才藻⑪新奇，花烂映发⑫。王遂披襟解带⑬，留连不能已。（文学36）

‖ **释义**

①作会稽：出任会稽内史。

②支道林：支遁（314—366），字道林，东晋高僧。俗姓关，陈留（今河南开封东北）人。二十五岁出家，诵习佛经，通般若学，也熟习玄理，长于清谈。

③孙兴公：即孙绰（314—371），字兴公，晋太原中都

（今山西晋中平遥）人。南渡后，居会稽，优游山水。先后曾做过庾亮、殷浩、王羲之的幕僚。

④拔新领异：标新立异。此指支道林善于将佛学融入清谈，见解新异。

⑤一往隽气：浑身散发出俊迈之气。

⑥殊自轻之：甚为轻视支道林。

⑦共载：同坐一辆车。

⑧王许：此指王羲之的住处。许，场所。

⑨王都领域：此指王羲之掌控着自己熟悉的话题。都，总括，掌控。领域，此指言谈范围。

⑩正值王当行：刚好王羲之要外出。

⑪才藻：措辞、用语。

⑫花烂映发：意为上下句、前后语互相关联，如舌吐莲花，相互映发。

⑬披襟解带：敞开衣襟，解下腰带。

‖ 释读

王羲之出任会稽内史，刚到的时候，恰好支道林也在会稽。孙绰向王羲之推荐支道林，说："支道林言谈颇有新见，出人意表，只要是他所触及的话题都会有好见解。阁下有没有兴趣见他一见呢？"王羲之本来浑身就散发出俊迈之气，根本看不上支道林。过了些时候，孙绰干脆和支道林同坐一辆车来到王羲之的住处，落座之后，王羲之掌控着自己熟悉的话题，始终没有跟支道林说过话，支道林也插不上嘴。没过多久，支道林告退，这时，刚好王羲之也要外出，车都准备好了，正在门外。支道林揪住这一时机对王羲之说："阁下还不必马上离开，请听贫道跟阁下说说话。"于是，再次坐定，支道林以庄子《逍遥游》为话题，来一场清谈，洋洋数千言，措辞新鲜，语句清奇，上下句、前后语互相关联，如舌吐莲花，相互映发。王羲之听着听着，也着迷了，本来要外出，已穿戴整齐，此刻却敞开衣襟，解下腰带，舍不得离座而去。

《世说新语》文学门第三十二则"《庄子·逍遥篇》，旧是难处"条，刘孝标注引支道林《逍遥论》，从中可知支道林对《逍遥游》的阐释重点在于"足于所足"："若夫有欲当其所足，足于所足，快然有似天真。犹饥者一饱，渴者一盈……苟非至足，岂所以逍遥乎？"换言之，真正逍遥的人，只要达至人最基本的生存需求就够了，再也不必多求了；所谓逍遥的体验无非就是"饥者一饱，渴者一盈"那种感觉，否则，如果"饥者欠一饱，渴者缺一盈"，又何来逍遥呢？刘孝标特别指出："此向、郭之注所未尽。"即向秀、郭象注《庄子》也没有阐释到这层境界。

支道林在当时是一位标签化的人物，他出生于一个佛教徒家庭，"家世事佛"（慧皎《高僧传》卷四），本人又是出家人，故其标签就是"佛教徒"。这大概是王羲之当初"殊自轻之"的原因。

王羲之属于琅邪王氏，陈寅恪《天师道与滨海地域之关系》一文指出"琅邪王氏世奉天师道"，并说王羲之为道士写经，"是书法之艺术实供道教之利用"（《金明馆丛稿初编》，生活·读书·新知三联书店，2001年，第41—42页）。换言之，宗教背景不同，王羲之想当然地以为自己跟支道林谈不来。

想不到支道林除了精通《般若经》等佛典之外，还对玄学深有研究，见解独到，谈论《庄子》也是头头是道。陈寅恪专门写过一篇《逍遥游向郭义及支遁义探源》，认为支道林之所以能出新义，是因为"般若之义可与逍遥游义附会也"，这一做法在支道林之前的北方学者里就有人尝试过了，支道林只不过是在江南言说，给人耳目一新之感（《金明馆丛稿二编》，生活·读书·新知三联书店，2001年，第96—97页）。不管如何，支道林口才了得，王羲之不接触犹可，一接触就被他迷住了。

从世俗的眼光看，支道林是有表演欲的人，否则，没必要在自己受到冷遇而似乎负气告退之后，又趁着王羲之正要出门之际，以客人的身份强行将主人留下，自己言论滔滔，给主人上了一课。不知道王羲之是因为什么事情要出门，看来也不是多重要的事；说不定，他的出门是对"须臾支（道林）退"的临时回应：反正你要走，我也不留，我还有事外出呢。

这个故事有一种俗世机趣，人物之间的非正常互动与正常互动形成鲜明对比，情节反转，很有场面感和戏剧性。

《世说新语》赏誉门第八十八则记"王右军叹林公'器朗神俊'"。林公，即支道林，王羲之给了他"器朗神俊"的评语，此乃后话。

6 > 郗司空①家有伧奴②，知及文章，事事有意③。王右军向刘尹④称之。刘问："何如方回⑤？"王曰："此正小人⑥有意向⑦耳！何得便比方回？"刘曰："若不如方回，故是常奴⑧耳！"（品藻29）

‖ **释义**

①郗司空：即郗鉴，王羲之岳父；官至太尉，死后赠司空，故称。

②伧奴：原籍北方的奴仆。伧，是六朝时南方人对北方人的蔑称。

③事事有意：意为对每一件事都有主见。

④刘尹：即刘惔，曾任丹阳尹，故称。为人清高，是王羲之的好友。

⑤方回：即郗愔（313—384），字方回，郗鉴的长子。

⑥小人：意为地位低下之人。

⑦有意向：有见识。

⑧常奴：意为寻常的奴仆。与"伧奴"音近。

‖ 释读

郗鉴家里有一个原籍北方的男仆，颇有识见，也会写文章，对每一件事都有主见。身为郗家女婿，王羲之对此男仆甚有好感，在好友刘惔面前称赞一番。刘惔问："此人跟郗家长子方回相比如何？"王羲之回答道："这个人算是仆人中有见识的罢了，怎么能跟方回比呢？"刘惔说："要是不如方回，顶多也是寻常的奴仆一名。"

王羲之与刘惔是好友，谈话比较随便。关于郗家的这个伧奴，他们的看法很不一致。王羲之看中的是伧奴的见识和文章，刘惔看重的是一个人的社会地位。身处下层，再怎么聪明，刘惔也看不上眼。

我们可以相信王羲之的眼光，他看中的人不会差到哪里去。郗鉴奴仆里有能人，还放手让奴仆写文章，可见郗家不缺人才，哪怕是出身下层的也有才华出众之人。王羲之不计较一个人地位的高低，而着眼于其人的才能是优是劣，难能可贵。

与之相较，刘惔就散发出一股贵族气息，他只看到郗愔与伧奴地位悬殊这一点。这是明摆着的，他的话"若不如方回，故是常奴耳"，只是废话而已，可知其远远不如王羲之开明。

据《晋书·刘惔传》，刘惔以"高自标置"著称，自命一流，不轻易许可他人，又"为政清整，门无杂宾"，极为高傲，不易接近。以王羲之所提及的伧奴来说，这个人恐怕在刘惔眼里连杂宾也算不上，他哪能看得上眼呢？

与刘惔的高傲不同，王羲之是宽厚的，比较平易近人。他似乎没有太多讲究，这正是其可爱之处。

7 王右军与王敬仁①、许玄度并善。二人亡后，右军为论议更克②。孔岩③诫之曰："明府④昔与王、许周旋⑤有情，及逝没之后，无慎终之好，民所不取⑥。"右军甚愧。（规箴20）

释义

①王敬仁：即王脩，字敬仁，东晋太原晋阳（今山西太原）人。东晋名士王濛之子。早卒，年仅二十四岁。

②为论议更克：意为涉及王脩、许询二人的议论比以前更为苛刻。克，通"刻"，苛刻。

③孔岩：字彭祖，东晋会稽人，以敢于直谏著称。据《晋书·孔岩传》，孔岩"少仕州郡，历司徒掾、尚书殿中郎"，后迁尚书左丞。

④明府：此为对王羲之的敬称，王羲之任会稽内史，孔岩是会稽本地人，称"明府"犹言"长官"。可知本故事发生在王羲之的会稽内史任内。

⑤周旋：此指交游。

⑥民所不取：意为我所不敢苟同。民，孔岩自称，与上句中的"明府"相对。

释读

王羲之跟王脩、许询二人均为好友。王、许都过早去世，在他们身后，王羲之涉及二人的议论比以前更为苛刻。孔岩身为会稽人，对时任会稽内史的王羲之有所劝诫："长官过往跟王、许多有交游，交情不浅，可在他们去世之后，出语更为苛刻，不无微词，友情未能善始善终，这是小民所不敢苟同的。"王羲之听后，颇感惭愧。

从这段对话的称呼可知，一方是明府，一方是民，而孔岩又是会稽人，则王脩、许询二人去世后，王羲之依然还在会稽，是孔岩的长官。

孔岩是一位不可忽视的人物，据《晋书·孔岩传》，他在晋废帝（司马奕）太和年间（366—370），出任吴兴太守，"善于宰牧，甚得人和"。可见孔岩是很懂政治的官员。而在成为大官之前，他竟然胆敢劝诫会稽内史王羲之，其耿直不阿的性格也就显露出来。

从王羲之的反应看，听完劝诫，不禁甚愧，可知孔岩说话在理，王羲之也觉得不好意思。看来，王羲之是接受批评的。

我们不知道王羲之到底说了什么。文中的"更克"二字值得注意，它表明王羲之在王、许二人生前也说过某种程度的苛刻的话，只不过在他们身后大概语气更重了。这是"二人亡后，右军为论议更克"的意思。本来，朋友之间，说些不太客气的话，亦属平常，王羲之可能觉得无伤大雅。

据《晋书·王脩传》，王脩去世的时候年仅二十四岁，他是青年书法家，"善隶书"，作为大书法家的王羲之会不会对这个年轻人的书法造诣有所议论呢？虽然不得而知，但似乎也难以排除这类可能性。

至于许询，资料也少，不便妄测。但《世说新语》品藻门第五十五则记王羲之对许询说过的话："王右军问许玄度：'卿自言何如安石（谢安，字安石）？'许未答，王因曰：'安石故相为雄，阿万（谢万，谢安之弟）当裂眼争邪？'"刘孝标注引《中兴书》曰："万器量不及安石，虽居藩任，安在私门之时，名称居万上也。"换言之，王羲之含蓄地指出许询更像心胸不够宽广的谢万，而比不上气量宽宏的谢安。许询好争，气量不大，《世说新语》文学门第三十八则记许询过于好胜，被支道林批评了一番："君语佳则佳矣，何至相苦邪？岂是求理中之谈哉！"意指许询年轻气盛，得理不饶人，让人下不了台阶。或许，王羲之与支道林有同感，故而也会对许询有所诫勉。

大概，王脩、许询各有缺点，王羲之作为好友，在他们生前和身后都有过议论，是出于善意的，并非无中生有，只不过有时没有掌握好分寸罢了。

无论如何，王羲之有其宽厚的一面，也有其严苛的一面，即此文中所说的"克"。

8▷ 阮光禄①在东山，萧然无事②，常内足于怀③。有人以问王右军，右军曰："此君近不惊宠辱，虽古之沈冥④，何以过此？"（栖逸6）

‖ 释义

①阮光禄：即阮裕，字思旷，东晋陈留尉氏（今属河南）人。曾拜金紫光禄大夫，故称。

②萧然无事：清静洒脱，并无俗事。

③内足于怀：内心自感满足，不假外求。

④沈（chén）冥：深藏不露。此处代指隐士。

‖ 释读

阮裕居于浙江的东山，清静洒脱，并无俗事；内心常常自感满足，不假外求。有人得悉阮裕的行藏之后，问王羲之怎么看。王羲之答道："此君近来已经到了宠辱不惊的境界，就算是古代隐士，也比不上他啊！"

王羲之说阮裕淡然处世，"虽古之沈冥，何以过此"，是很高的评价。

据《晋书·阮裕传》，阮裕一生的一个大转折是发觉王敦有不臣之心，从此之后，他学习其同族前辈阮籍，"乃终日酣觞，以酒废职"。他本来是王敦的主簿，王敦看他越来越不顺眼，整天醉酒，"徒有虚誉"，先是将他打发到溧阳，后来干脆免了他的职务。也正因为如此，他避开了王敦之乱，免受牵连，"论者以此贵之"。

其实，阮裕是古代士大夫中的某一类的代表。这类人以清高自许，在政治上有洁癖，没有野心，看不惯官场黑暗，可是，自己不会营生，还是要靠官府的一份俸禄过日子，并没有能力与官场截然切割。用阮裕自己的话说，就是虽无"宦情"，但因"不能躬耕自活"，故而需要做官；"岂以骋能，私计故耳"（《晋书·阮裕传》），意思是我并非真有做官的本事，只是要谋饭碗而已。这话说得比较老实。

说实在的，王羲之对阮裕的评价有些过高，恐怕阮裕本人也不会全部认可。道理很简单，要是像王羲之所说的那样，阮裕其人"虽古之沈冥，何以过此"，为何人们要称阮裕为"阮光禄"而不是"阮隐士"呢？

9 ▸ 王右军郗夫人①谓二弟司空、中郎②曰："王家见二谢③，倾筐倒庋④；见汝辈来，平平尔⑤。汝可无烦复往⑥。"（贤媛25）

|| **释义**

①郗夫人：即王羲之夫人郗璿（xuán），郗鉴之女。璿，美玉。

②司空、中郎：即郗愔、郗昙。前者为郗鉴长子，后者为郗鉴少子；均为郗璿之弟。郗愔官至司空，郗昙曾任中郎将，故称。

③二谢：即谢安、谢万兄弟。

④倾筐倒庋（guì）：犹言翻箱倒柜，喻倾其所有，盛情接待。庋，放东西的架子。

⑤平平尔：意为没有特别的安排，只是一般接待而已。

⑥无烦复往：意为没有必要再去了。

|| **释读**

王羲之夫人郗璿对她的两个弟弟郗愔、郗昙说："王家见谢安、谢万兄弟来，总是十分热情，家里有什么好的尽数拿出来

招待；可是，见到你们兄弟来，没有特别的安排，只是一般接待而已。你们以后没有必要再去了。"

郗鉴晚年与王导发生严重冲突，二人政见不同，郗鉴对王导的某些做法极力反对，《世说新语》规箴门第十四则有具体描述（请参见本书王导部分）。郗鉴与王导的矛盾已经到了无法沟通的程度，王导也不愿意跟郗鉴说话，郗、王两家关系紧张。《晋书·郗鉴传》记郗鉴临终前为了抗衡王导的势力，举荐王导的政坛对手蔡谟为都督、徐州刺史，这类举动说明郗鉴至死也没有放下跟王导的矛盾，这与当初郗鉴写信给王导请求联姻形成极大的反差。

王导是王羲之的从伯。王羲之夫人对弟弟说的这番话，大概是在郗、王开始交恶的背景下对郗愔、郗昙的善意提醒。估计当时两家关系还没有全面恶化，郗愔、郗昙还会到王家走动，只是郗璿已然觉得情势有变，不可不预早提防，以免尴尬。

郗璿看在眼里，王家开始重此轻彼，重谢家，轻郗家，从日常接待的差别就可以感受到。女性特有的敏感提示她注意王家与郗家的关系有些不妙，而她作为王家的成员，看着自己的弟弟受冷遇，心里不是滋味。

可以推想，王羲之不会不知道其间的变化。政争将亲戚之间弄成这样，令人无奈。

10▷ 谢万①寿春②败后还③，书与王右军④云："惭负宿顾⑤。"右军推书⑥曰："此禹、汤之戒⑦。"（轻诋19）

‖ **释义**

①谢万：字万石，谢安之弟。官至西中郎将、豫州刺史。为人高傲冷漠。

②寿春：县名，晋属扬州淮南郡。故地在今安徽寿县，是当时军事重镇。

③还：指从战场后撤回营。

④书与王右军：给王羲之写信。书，写信，用为动词。

⑤惭负宿顾：意为很惭愧有负于您平素的关照。宿，平素；顾，关照，照顾。

⑥推书：将信推开。

⑦禹、汤之戒：《左传·庄公十一年》有句云："禹、汤罪己，其兴也勃焉；桀、纣罪人，其亡也忽焉。"所谓"禹、汤之戒"本指"罪己"，谢万"惭负宿顾"一语即含有内疚、自责之意。

‖ **释读**

谢万率军作战，在寿春惨败，从战场后撤回营，写信给王羲之，其中有一句说："很惭愧有负于您平素的关照。"王羲之读到此处，将信推开，叹道："谢万（怪罪自己）想学大禹、商汤当年的做法。"

刘孝标注加按语说："今万失律致败，虽复自咎，其可济焉？"揣摩王羲之未尽的语意，即失败之后，谢万虽然知道自咎，可是已经无补于事，无可挽回。刘氏的揣测大抵符合语境。

为何王羲之会如刘孝标所推测的那样显得很失望呢？原来，他曾经极力向桓温举荐谢万，替谢万说过不少好话（《晋书·谢万传》）；又发觉谢万过于高傲，不懂得体恤部下，苦口

婆心，劝说谢万要改变态度，善待士兵。《晋书·王羲之传》摘
录王羲之写给谢万的信："以君迈往不屑之韵，而俯同群辟，诚
难为意也。然所谓通识，正自当随事行藏，乃为远耳。愿君每
与士之下者同，则尽善矣。食不二味，居不重席，此复何有，
而古人以为美谈。济否所由，实在积小以致高大，君其存之。"
此信之后，史官补记一句："万不能用，果败。"王羲之接获谢
万失败的消息，其内心的感叹可想而知，尽管谢万写信向他道
歉，可王羲之不会仅仅称赞他的主动认错为"禹、汤之戒"而
没有别的看法，否则，王羲之读信时那个"推书"的举动当又
作何解释？

据《资治通鉴》卷一百，王羲之写信劝诫谢万，是在晋穆
帝升平二年（358）八月；而谢万以豫州刺史的身份率军北征，
惨败于燕兵，是在晋穆帝升平三年（359）十月。谢万当时是
"狼狈单归"，这位豫州刺史竟然到了无人护卫的窘境；不仅如
此，"军士欲因其败而图之"，即军士打算将谢万除掉以泄愤，
只是看在其兄长谢安的面子上放过了他而已。面对一败涂地的
谢万，王羲之恨铁不成钢。

王羲之说"此禹、汤之戒"，除了顺着谢万信中的"惭负
宿顾"来说之外，还牵连着"禹、汤之戒"原典出处的上下文
（尤其是下句"桀、纣罪人，其亡也忽焉"不可忽略），《世
说新语》的编写者将此故事安排在轻诋门，可推知王羲之"此
禹、汤之戒"这句话尚未说完，未说出的意思当与轻诋有关。

11 蔡伯喈①睹睐笛椽②，孙兴公听妓振且摆折③。王右军闻，大
嗔④曰："三祖寿乐器⑤，虺瓦吊⑥孙家儿⑦打折！"（轻诋20）

॥ 释义

①蔡伯喈：即蔡邕（133—192），字伯喈，东汉著名学者，博学多才，官至左中郎将。

②睹睐笛椽（chuán）：乐器名，长笛，器型颇为圆粗，为蔡邕所创制。据刘孝标注引伏滔《长笛赋叙》，蔡邕"避难江南，宿于柯亭之馆，以竹为椽，邕仰眄之，曰：'良竹也。'取以为笛，音声独绝。"可视为"睹睐笛椽"之名的由来，即蔡邕仰眄而看见良竹（含"睹睐"二字的出处），既可做笛子，又可做椽子（含"笛椽"二字的出处）。椽，屋架上的木条。

③听妓振且摆折（shé）：任由女伎敲击摆弄而打坏了。听，任由，任从；折，损坏。

④大嗔（chēn）：大为震怒。嗔，怒，生气。

⑤三祖寿乐器：意为这件乐器祖上传下，已历三代。

⑥虺（huǐ）瓦吊：詈（lì）辞，骂女性的话。语本《诗经·小雅·斯干》："维虺维蛇，女子之祥；乃生女子，载弄之瓦。"虺，蛇类，藏身于洞穴之中，属于阴物；瓦，原指陶制纺轮，此处是"弄瓦"的省称，也代指女性；吊，义不详，疑为民间詈辞。

⑦孙家儿：孙家这小子。

॥ 释读

有一种长笛叫睹睐笛椽，相传为东汉蔡邕所创制；有一次，女伎表演，孙绰任由女伎拿着这根长笛敲击摆弄，终于损坏了。王羲之知道后，大为震怒，说："这件乐器祖上传下，已历三代。臭婆娘，还有孙家这小子，竟然弄坏了！"

据《晋书·孙绰传》，孙绰"居于会稽，游放山水，十有余年"；其人"性通率，好讥调"，喜欢挖苦别人，以为笑乐；"会稽内史王羲之引为右军长史"。由此可知，这个故事当发生在孙绰做右军长史时期。

我们知道，王家是有家乐的。《世说新语》方正门第四十则"王丞相作女伎"条有过介绍（请参见本书王导部分）。估计身为右军长史的孙绰当时在张罗着王家的家乐，却没有管理好，失职了，出现乐器损坏事件。

王羲之恼火，动了真气，因为损坏的是祖传的珍贵乐器。人生起气来，难免失态，难听的话也会说出口；何况，面对的是这个平时就"好讥调"的孙绰，有多难听就骂得多难听。王羲之说粗口的语境，宜作如是观。

12 > 王右军得人以《兰亭集序》①方②《金谷诗序》③，又以己敌④石崇⑤，甚有欣色。（企羡3）

‖ **释义**

①《兰亭集序》：王羲之撰，作于晋穆帝永和九年（353）。

②方：比并，相比。

③《金谷诗序》：石崇撰，作于晋惠帝元康六年（296）。

④敌：比并，即不相上下。

⑤石崇：字季伦（249—300），西晋权臣，官至荆州刺史，以奢华出名。拥有别馆金谷园，故址在今河南洛阳东北。

‖ **释读**

有人将王羲之的《兰亭集序》与西晋石崇的《金谷诗序》

并论，又认为王羲之与石崇不相上下。王羲之得悉后甚为高兴，喜形于色。

且看《金谷诗序》中的文字："余以元康六年，从太仆卿出为使持节监青、徐诸军事、征虏将军，有别庐在河南县界金谷涧中，去城十里，或高或下，有清泉茂林、众果竹柏、药草之属，金田十顷，羊二百口，鸡猪鹅鸭之类，莫不毕备。……时征西大将军王诩当还长安，余与众贤，共送至涧中，昼夜游宴，屡迁其坐，或登高临下，或列坐水滨，……遂各赋诗，以叙中怀；或不能者，罚酒三斗。感性命之不永，惧凋落之无期，故具列时人官号姓名年纪，又写诗著后。后之好事者，其览之哉。"（严可均辑《全晋文》卷三三，商务印书馆，2006年，第335页）

换言之，这一次金谷相聚的由头是"征西大将军王诩当还长安"，临行送别，大家共乐，各赋其诗，成《金谷诗》一卷，石崇为之作序，表明《金谷诗》的编辑成书是为了纪念这次欢聚。

刘孝标注引王羲之的《临河叙》（《兰亭集序》的别称）："永和九年，岁在癸丑，暮春之初，会于会稽山阴之兰亭，修禊事也。群贤毕至，少长咸集。此地有崇山峻岭，茂林修竹。又有清流激湍，映带左右。引以为流觞曲水，列坐其次。是日也，天朗气清，惠风和畅，娱目骋怀，信可乐也。虽无丝竹管弦之盛，一觞一咏，亦足以畅叙幽情矣。故列序时人，录其所述。右将军司马太原孙丞公等二十六人，赋诗如左，前余姚令会稽谢胜等十五人不能赋诗，罚酒各三斗。"

这次兰亭相聚的由头不是为了送别某人，而是"修禊事也"，即依照民间风俗于三月三（上巳节）这一天在水边举行修禊仪式，以期消灾祈福。当然，能赋诗的赋诗，不能赋诗的罚酒三斗，跟金谷相聚是同一规矩。传世唐人摹《兰亭集序》墨迹尚有"向之所欣，俯仰之间，以（已）为陈迹，犹不能不以之兴怀。况修短随化，终期于尽。古人云：'死生亦大矣。'岂不痛哉"等语，其对于人生之感叹略同于《金谷诗序》的"感性命之不永，惧凋落之无期"。

两相比对，有人将《兰亭集序》比拟于《金谷诗序》，并非没有道理。两篇文章的文体、结构以及所要表达的意思，不无相似之处。石崇的《金谷诗序》自西晋以来已成名文，东晋的王羲之得知自己的文章能够与之并论，自然是高兴的。

不过，对于"又以己敌石崇"，王羲之竟然也"甚有欣色"，这就有点出人意料了。以我们的眼光看，石崇是一个负面人物，他穷奢极侈，在历史上口碑甚差，而王羲之是"书圣"，是大艺术家，石崇怎么可以跟王羲之比，或者倒过来说，王羲之怎么可以跟石崇拉上关系呢？可是，若以"了解之同情"来看待，则可以得出另一种解释。

据《晋书·石崇传》，在八王之乱期间，石崇被赵王司马伦的势力所杀；待赵王被灭，晋惠帝复辟，朝廷为石崇补办了隆重的葬礼，即"以卿礼葬之"，并且封石崇的从孙石演为乐陵公。可见，石崇及石家在晋朝还是很有地位的。石崇并非一无是处，《晋书》本传说他本是"功臣子"（其父石苞官至司徒），"少敏惠，勇而有谋"，"伐吴有功，封安阳乡侯。在郡虽有职务，好学不倦"，"颖悟有才气"，身上有"任侠"之气，等等。估计在王羲之的时代，石崇依然颇有名望，有人将王羲之与石崇相比拟，更有可能是在"颖悟有才气""好学不倦"等方面指出二人有相似之处。王羲之乐于接受这类议论，是有缘由的。

13 王右军素轻蓝田①，蓝田晚节论誉转重②，右军尤不平。蓝田于会稽丁艰③，停山阴④治丧。右军代为郡⑤，屡言出吊⑥，连日不果。后诣门自通⑦，主人既哭，不前而去⑧，以陵辱之。于是彼此嫌隙大构⑨。后蓝田临扬州⑩，右军尚在郡，初得消息，遣一参军诣朝廷，求分会稽为越州⑪，使人⑫受意失旨⑬，大为时贤所笑。蓝田密令从事⑭数其郡诸不法⑮，以先有隙，令自为其宜⑯。右军遂称疾去郡，以愤慨致终。（仇隙5）

ǁ **释义**

①蓝田：即王述，字怀祖，中朝名士王承之子。得到王导的赏识和重用，曾任会稽内史、扬州刺史、征虏将军、扬州都督等，屡历州郡，官声颇佳。官至尚书令。袭封蓝田侯，故称。

②晚节论誉转重：至晚年声誉日隆，更为人所敬重。

③丁艰：处于父或母去世的守丧期间。此处指王述的母亲去世。

④山阴：会稽郡下属的县。今浙江绍兴。

⑤代为郡：意为王羲之代王述出任会稽内史。

⑥出吊：意为前来吊唁。

⑦诣门自通：意为来到门前不经门人通报而自行入内。

⑧不前而去：没有上前至灵堂拜祭而转身离开。

⑨嫌隙大构：相互间产生很大的矛盾。

⑩临扬州：意为王述出任扬州刺史，会稽郡属于其管辖范围。

⑪分会稽为越州：将会稽从扬州分出去而单列为越州。会

稽在春秋时属于越国。

　　⑫使人：使者，即上文之参军。

　　⑬失旨：意为理解错了王羲之的原意。

　　⑭从事：州刺史下属的佐吏，如主簿、功曹、别驾等。

　　⑮诸不法：诸种违法行为或事件。

　　⑯自为其宜：意为自己看着办。

‖　**释读**

　　王羲之素来看不起王述，可王述到晚年声誉日隆，为人所敬重，王羲之心里更不服气。王述在任会稽内史时遭遇丧母之痛，回到山阴老家治丧。此时，王羲之代替王述出任会稽内史一职，多次说要到山阴吊唁，可接连过了几天还不见前去。再稍后，终于来到王述家门前，不经门人通报而自行入内；主人见客到，依礼而哭，但王羲之没有上前至灵堂拜祭而随即转身离开了，以这样的方式凌辱王述。于是，双方产生很大的矛盾，结下仇怨。及后，王述升官，出任扬州刺史，会稽郡在其管辖范围之内，而王羲之依然还是会稽内史。王羲之一听得王述升职的消息，赶紧派遣一名参军拜谒朝廷，请求将会稽从扬州分出去而单列为越州。可是，这位参军接下任务后却理解错了王羲之的原意，弄出笑话，成为当时官场里的谈资。王述知道王羲之不怀好意，秘密派遣自己的佐吏到会稽郡调查，历数该郡各种违法的行为或事件，因为早有嫌隙，王述并不客气，命王羲之自己看着办。王羲之于是自称有病，辞去会稽内史一职；直到临终，其意难平，愤慨难消。

　　《晋书·王羲之传》记王述出任扬州刺史时王羲之的反应："及述蒙显授，羲之耻为之下，遣使诣朝廷，求分会稽为越州。行人失辞，大为时贤所笑。既而内怀愧叹，谓其诸子曰：'吾不减怀祖，而位遇悬邈，当由汝等不及坦之（王述儿子）故邪！'述后检察会稽郡，辩其刑政，主者疲于简对。羲之深耻之，遂称病去郡。"王羲之认为自己的才能不比王述差，但官位悬殊，大为恼火，还迁怒于诸子，埋怨儿子们不如王述的儿子王坦之那样优秀。可见王羲之在王述升官这件事上大为失态，他愤然辞官，固然有负气的因素，也有惹不起躲得起的意思。

王羲之一代人杰，颇输官运；为人有宽厚平和之时，也有暴跳如雷之日。人就是这么复杂。不管如何，王述守孝期间，王羲之在灵堂前的举动过于出格，颇为过分，其失态程度有些令人难以置信，可又是实际发生过的。其性格不无偏狭，也过于任性了。

综观王羲之一生，他遇到过不少贵人，可也真是遇上了一个克星，就是王述。他与王述的恩怨由来已久，《世说新语》忿狷门第二则记载了一个小故事："王蓝田性急。尝食鸡子，以箸刺之，不得，便大怒，举以掷地。鸡子于地圆转未止，仍下地以屐齿蹍之，又不得，瞋甚，复于地取内（通"纳"）口中，啮破即吐之。王右军闻而大笑曰：'使安期（王述父亲王承，字安期）有此性，犹当无一豪（通"毫"）可论，况蓝田邪？'"此处的"鸡子"，即熟鸡蛋。王述性子急，不耐烦剥壳，吃起来洋相百出，令人忍俊不禁。王羲之得知后哈哈大笑，还刻薄地说：这样急性子，就算是王述他爹也显得一无是处，何况是王述呢？这也是"王右军素轻蓝田"这句话的注脚。可是，就是这个被王羲之极度瞧不起的王述却成了他一生最大的克星。

世事诡谲，可不慎乎！

14 > 谢太傅①语王右军曰："中年伤于哀乐，与亲友别，辄作数日恶②。"王曰："年在桑榆③，自然至此，正赖丝竹陶写④。恒恐儿辈觉⑤，损欣乐⑥之趣。"（言语62）

释义

①谢太傅：即谢安。

②恶：难过。

③桑榆：喻晚年。桑榆，本来代指落在桑树、榆树上的夕阳。

④正赖丝竹陶写：正要借助丝竹之乐（弦乐与管乐）来抒发内心情感。陶写，陶冶宣泄。

⑤恐儿辈觉：生怕子侄辈发觉（听出意思来）。

⑥欣乐：此处指借助丝竹来调适心情，调适心情后才会感到轻松一些。

释读

谢安对王羲之说："人到中年，每有哀乐之事都会引发感伤，尤其是与亲友离别，连续数天都会内心难受。"王羲之颇有同感，回应道："年纪大了，自然会有这番感受，故弹琴吹箫，就是要借以陶冶性情，抒发内心情感。可又每每生怕子侄辈听出意思来了，想有所掩饰，反而减损自己调适心情的意趣。"

若依据王羲之生于303年的说法，则他比生于320年的谢安年长得多，更有生活阅历和感情体验来谈论"伤于哀乐"的话题。从两人的用语可以看得出他们的年纪差别，谢安说的是"中年"，王羲之说的是"桑榆"即晚年，符合二人的口吻。

比较费解的是"恒恐儿辈觉，损欣乐之趣"，如果转换一下话语，可能好理解一些。"正赖丝竹陶写"，用今天的话说，就是借助丝竹来调适心态，激发旷远之思，以此对冲那种"伤于哀乐"的生命感觉。可是，这样的动机多少带有自我掩饰的成分，哀乐能否消解并无把握，要是被子侄辈听出来了，他们劝慰几句，反而徒增不必要的哀伤，这大概是"损欣乐之趣"所内含的不便明言的心绪。

王羲之《兰亭集序》说："向之所欣，俯仰之间，已为陈迹，犹不能不以之兴怀。况修短随化，终期于尽。古人云：'死生亦大矣。'岂不痛哉！"又说："固知一死生为虚诞，齐彭殇为妄作。后之视今，亦犹今之视昔，悲夫！"这就可证哀乐之感难以消解，怎么掩饰也会露馅。这才是王羲之"恒恐儿辈觉"的实情。

王羲之写过很多杂帖，折射出其日常生活的点点滴滴，其中，多涉生老病死话题，如一封杂帖云："追寻伤悼，但有痛心，当奈何奈何！……吾老矣，余愿未尽，唯在子辈耳；一旦哭之，垂尽之年，转无复理，此当何益？冀小却渐消散耳。"（严可均辑《全晋文》卷二三，商务印书馆，2006年，第224页）所谓"冀小却渐消散耳"（意为希望渐渐淡忘，平复心情）正可以作为"年在桑榆，自然至此，正赖丝竹陶写"等语的注脚。

　　王羲之父子各有鲜明个性，且性格复杂。

　　王羲之出自琅邪王氏，这是其一生经历的底色。他的两位从伯王敦、王导在东晋政坛上位高权重，可以呼风唤雨，这对于王羲之而言有好有不好。从好的方面说，王羲之从小得到王敦、王导的栽培，在良好的家族环境之中成长，其文化教养、政治素质、人生追求乃至于婚姻家庭等均与此大有关系。从不好的方面说，就是过多卷入政治旋涡，政坛上的纷争难免波及家庭，影响亲属关系，王家与郗家的恩恩怨怨由此而起，可以想见，王羲之身边的郗夫人很难做，而王羲之本人也很难做。

　　王羲之是天生的艺术家，为人淳厚，敏于感悟，丰富的内心、深刻的体验不断滋养着他的艺术世界，《晋书·王羲之传》说他"以骨鲠称，尤善隶书，为古今之冠，论者称其笔势，以为飘若浮云，矫若惊龙"。他生在权贵世家，却对官场不太入迷，保持若即若离的心态，且自称"吾素自无廊庙志"（《报殷浩书》），正因如此，才会在艺术上专精不二，深造有得，独树一帜。

　　可王羲之毕竟是王右军，他也是官场中人，这就决定着他也会身不由己卷入人事纠纷。他的辞官和退隐，实在有不得已的苦衷，带着强烈的挫败感，否则，他没有必要跑到自己的父母坟前发誓再也不入官场："自今之后，敢渝此心，贪冒苟进，是有无尊之心而不子也。子而不子，天地所不覆载，名教所不得容。"（《晋书·王羲之传》）此话说得很严重，而其辞官的起因就是轻慢了王述。说到底，王羲之不够世故，如果世故一点，不那么任性，就算看不起王述也不必张扬出来，或许他跟王述的矛盾不至于恶化到不可收拾的程度。

王羲之的儿子，在很大程度上继承了他任性的基因。像王徽之、王献之都很任性，各有不同的任性故事；而且，若仅在自我的世界内任性也就罢了，可在社交场合任性是会出事故的。任性且傲慢的王徽之、王献之在当时留下了不少话柄，这兄弟俩的故事多入《世说新语》的简傲门、任诞门，这些门类里的一项项、一件件，往往属于编写者心目中的负面清单，其评价也就可想而知了。

尽管如此，王羲之父子是不可替代的历史存在，十分独特，且耐人寻味；宜具体分析，不可只做简单判断。他们的人生得失一言难尽，在历史语境里阅读，不同的读者可能会从中领悟到不同的经验或教训。

四

谢安

  谢安（320—385），字安石，东晋陈郡阳夏
（今河南太康）人。其父谢裒，官至吏部尚书。
是中朝名士谢鲲之子谢尚的从弟。自小就给人
"风神秀彻，神识沉敏，风宇条畅"的印象，得
到王导的器重，从而享有重名。

  谢安出仕晚于其弟谢万，年逾四十才步入官
场，在征西大将军桓温身边为司马。而在出仕之
前，谢安常常流连山水，与王羲之、支道林等人
为友，在浙江上虞的东山一带优游岁月。谢安的
"东山之志"很出名，但仅指其刻意远离体制的
行迹，而不代表他要弃绝功业；事实上，谢安深
受儒家思想影响，其建功立业之心是明确的。

  自置身官场之后，谢安的官运颇为亨通，步
步高升，先后做过吴兴太守、侍中、吏部尚书、
中护军等职。符坚意欲攻取江东，谢安领命抗
击，派遣其弟谢石和侄子谢玄等率军征讨；先拜
卫将军、开府仪同三司，封建昌县公，后赢得
胜利，是为淝水大捷，而"以总统功，进拜太
保"。卒后赠太傅。

谢安多才多艺，于音乐尤具造诣；而手足情深，自其弟谢万去世后，"十年不听音乐"，其用情之真挚于此可见一斑。

1> 谢公①云："贤圣去人，其间亦迩②。"子侄未之许③。公叹曰："若郗超④闻此语，必不至河汉⑤。"（言语75）

‖ **释义**

①谢公：对谢安的尊称。

②贤圣去人，其间亦迩：意为圣贤跟普通人的差别是比较小的。去，距离，差别；迩，近（不远）。

③未之许：未能赞同。

④郗超：字嘉宾，郗鉴之孙，郗愔长子。深得桓温信任，权势颇大。又以"义理精微"著称。

⑤河汉：即银河，喻大而无当，不着边际。

‖ **释读**

谢安在一次家庭聚会时对众人说："其实啊，圣贤跟普通人的差别是比较小的。"子侄们一听，觉得不可思议，都未能赞同。谢安有点失望，说："要是郗超听到我的这番见解，必定不会像你们这样认为我是胡言乱语。"

"必不至河汉"语出《庄子·逍遥游》，肩吾听了接舆的话，觉得接舆的言辞不着边际，对连叔说："吾惊怖其言，犹河汉而无极也，大有径庭，不近人情焉。"设身处地替谢家子侄想一下，他们从小接受儒家学说的教育，只知道"子曰""诗云"是至高无上的，不要说孔子，哪怕是孔子的弟子尤其是七十二贤人也是高不可攀的，怎么可以说"贤圣去人，其间亦迩"呢？这不是胡言乱语吗？可是，谢安还是要埋怨谢家子侄不如郗超那样感悟精微。

为什么谢安特别提到郗超？这是一个有趣的问题。按说，谢氏子侄中聪明的人是有的，比如，谢玄、谢道韫等，可为何他们不如郗超？《晋书·郗超传》说郗超有一个特点，就是宗教信仰与其父郗愔不同，"愔事天师道，而超奉佛"；故而，郗超与支道林的关系特别密切，二人"甚相知赏"。刘孝标注引《（郗）超别传》曰："超精于理义，沙门支道林以为一时之俊。"在佛学方面，郗超与支道林可谓同声同气。我们知道，佛教的教义有一条是"无分别心"，从谢安的以上表述看，可视为"无分别心"观念的具体应用，即就人而言，圣贤是人，普通民众也是人，哪有多大的分别呢？而谢安本与郗超、支道林等相熟，看来他是接受了佛教的一些说法并有所认同的。

不宜小看谢安这句话的分量。

所谓"贤圣去人，其间亦迩"，是中国古代思想史上的一大命题。儒家向来分别"上智"与"下愚"，谢家子侄不同意谢安的说法，他们只认同"上智"与"下愚"显然有别的定论，不可能接受"上智"与"下愚"是差不多的奇谈怪论。可是，谢安不然，他受到佛家思想的启发，以"无分别心"来看待天下众生，其实是开了中国古代佛性论的先河。如果这一说法可以成立，那么，从谢安到慧能，从慧能到王阳明，其间形成了一条中国思想史上的脉络，这条脉络过去被遮蔽了。

需要略加辨析的是，《孟子·告子下》记载曹国国君之弟曹交问孟子："人皆可以为尧舜，有诸？"孟子曰："然。"在这里，孟子的回答是指人经过"求放心"的修养（《孟子·告子上》记孟子的话："学问之道无他，求其放心而已矣。"）都有成为尧舜的可能性，即这种可能性还是有条件的，而谢安说"圣贤去人，其间亦迩"，是指人性的本体本来就区别不大，是无条件的。二者属于不同意义层面的命题。谢家子侄熟读《孟子》，不理解谢安的命题，可见谢安的说法有其独创性。

谢安的"贤圣去人，其间亦迩"与《涅槃经》所说"一切众生悉有佛性"是接近的，或者说，他的这句话是"一切众生悉有佛性"的中国式表述；这与慧能在《坛经》里说的"人虽有南北，佛性本无南北"有异曲同工之妙，均为佛理中国式表述的典型案例。我们过去强调了慧能将佛理中国化，却忽略了这种中国化的努力早有人做，在慧能之前就有，他就是谢安。

有了谢安，有了慧能，其后再出现王阳明是顺理成章的。谢安解决了"贤圣去人"没有什么差别的问题，慧能提出了天下之人皆有佛性之说，王阳明接着立下了"四句教"："无善无恶心之体，有善有恶意之动；知善知恶是良知，为善去恶是格物。"这是针对所有人说的，不分贤愚，无分贵贱，人人有心则人人有份，概莫能外。可以说，谢安、慧能、王阳明，一步一个台阶，步步提升，这种混合着中外智慧的中国式表述构成了先后承接、不断深化的过程，而终于成为带有中国标签的东方智慧。

附带一提，《世说新语》文学门第二十四则故事，折射出谢安好学深思，长于思辨："谢安年少时，请阮光禄道《白马论》。为论以示谢，于时谢不即解阮语，重相咨尽。阮乃叹曰：'非但能言人不可得，正索解人亦不可得！'"所谓"白马论"即为公孙龙子的著名论题"白马非马"论，刘孝标注引《孔丛子》曰："赵人公孙龙云：'白马非马。马者所以命形，白者所以命色。夫命色者非命形，故曰白马非马也。'"阮光禄即阮裕，《晋书·阮裕传》说他"虽不博学，论难甚精"，除了对《白马论》有精到的见解外，于《四本论》亦有高见，以"精义入微"见称。谢安年少时接受过阮裕在论难方面的启迪和训练，他能够成为中国古代思想史上的一个人物，不是偶然的。

《世说新语》文学门第四十八则记谢安能够提出与佛理相关的问题："殷（浩）、谢（安）诸人共集。谢因问殷：'眼往属万形，万形来入眼不？'"殷浩精通佛理，谢安抓住机会向他提问：眼力所及，有万物万形；万物万形真的进入我们的眼里了吗？刘孝标注引了佛典《成实论》关于"眼到色到"的一段话，说明谢安的问题从佛经而来，也可知谢安对佛理是关注的，也有一定的认识和思考。

可惜谢安没有著作留下。不过，谢安对后世的影响是客观存在的，其事迹、话语写进了《世说新语》，此书自问世以后，代有传抄；宋代以来，刻印不断，读《世说》者不会不知道谢安。此外，《全晋文》卷八三节录了谢安的《与支遁书》（原出《高僧传》卷四），其中有句云："人生如寄耳，顷风流得意之事，殆为都尽。"这与佛家所说的"空"颇有相通之处，与后世的名句"是非成败转头空"遥相呼应，可知，谢安的佛学修养与思辨能力是不可低估的。

2 支道林、许、谢①盛德②，共集王家③。谢顾谓诸人："今日可谓彦会④，时既不可留，此集固亦难常。当共言咏⑤，以写其怀。"许便问主人有《庄子》不？正得《渔父》⑥

一篇。谢看题，便各使四坐通⑦。支道林先通，作七百许语⑧，叙致精丽⑨，才藻奇拔，众咸称善。于是四坐各言怀毕。谢问曰："卿等尽不⑩？"皆曰："今日之言，少不自竭⑪。"谢后粗难⑫，因自叙其意，作万余语，才峰秀逸⑬。既自难干，加意气拟托⑭，萧然自得⑮，四坐莫不厌心⑯。支谓谢曰："君一往奔诣⑰，故复自佳耳。"（文学55）

▎ 释义

①许、谢：即许询、谢安。

②盛德：享有德望。

③王家：指王濛家。王濛，字仲祖，曾为王导亲随，后官至司徒左长史。善于清谈。

④彦会：意为一时俊彦之会。

⑤言咏：即清谈。

⑥《渔父》：《庄子》第三十一篇（杂篇），篇中的渔父是一位有道长者，与孔子对话，对孔子到处奔忙而有所训诫。

⑦各使四坐通：让在场的每一位通解《渔父》的大意和旨趣。"通"是清谈术语，与"过"相对（"过"是逐句过一遍，即讲解句意）。

⑧七百许语：意为所讲的内容大概有七百余字。下文"万余语"即一万余字。许，表约数。

⑨叙致精丽，才藻奇拔：意为条理严谨清晰，用语新奇拔俗。是当时清谈所用评语。

⑩不（fǒu）：通"否"。

⑪自竭：即畅所欲言，言无不尽。

⑫粗难：意为毫不客气地辩难。粗，不作"粗略"解，用

作程度副词，表"非常"。

⑬才峰秀逸：意为奇拔独特，一时无两。是当时清谈所用评语。

⑭既自难干，加意气拟托：这是清谈的一个特别环节。前面谢安"粗难，因自叙其意，作万余语"是一个环节，即对之前各人观点的辩难；然后，谢安自为客主（即同时充当通方和难方），故要"加意气拟托"，即分别模拟主客有别的语气、角度和观点等，这就是"自难干"的意思。难，发难（主方）；干，干犯，反驳（客方）。

⑮萧然自得：挥洒自如，十分得意。

⑯厌心：满意。

⑰一往奔诣：意为流畅无阻，尽情发挥。

‖ 释读

支道林、许询、谢安均享有德望，他们一起到王濛家聚会。谢安打量了一下在场的各位，说："今天可以说是一时俊彦之会，时间不会停留，这样的集会也不可能常有。应该一起清谈，各抒其怀。"许询便问王濛家里有没有《庄子》，结果王濛找出了《庄子》的《渔父》篇来。谢安看到这一篇名，干脆就以此为话题，让在座诸位各自通解一番。支道林先行对《渔父》篇通讲一遍，大概说了七百来字，条理严谨清晰，用语新奇拔俗，大家都说精彩。于是，其余的人也先后通解完毕。谢安问大家："你们是否把该说的都说了呢？"大家都说："今天的清谈，哪有不畅所欲言、言无不尽的呢？"听到此言，谢安随后对诸位的言谈毫不客气地辩难一番，接着刚才大家的话题而自陈己见，一下子就说了大概一万余字，可谓奇拔独特，一时无两。接着，还自为客主，同时充当通方和难方，分别模拟主客有别的语气、角度和观点等，互有攻防，而在此一来一往的辩难过程中，谢安意气风发，挥洒自如，十分得意，在座的人无不听得心满意足。支道林对谢安说："阁下流畅无阻，尽情发挥，自然是精彩纷呈，难以企及。"

这是清谈史上的一条珍贵资料。

"通"与"难"，是清谈的两个关键词。从上面的清谈场面看，通在先，难在后，形成对子。由于是谢安主动提出以《渔父》为话题，故而，别人先通，然后，谢安粗难。

支道林先通，发表自己关于《渔父》的整套见解，其余各人也先后自通。轮到谢安，他就要来一次粗难，不过先要问"卿等尽不"，如果还有见地，可以补充说出来，如果没有，谢安就一一回应，即其对手就是刚才发言的"卿等"；而当"卿等"明确表示再也无话可说时，谢安"因自叙其意，作万余语"，大概是对诸位的说法均有难，以显示自己横扫千军的清谈功力。这就是粗难。

然后，是"既自难干，加意气拟托"，此乃另一环节，重要的字眼是一个"自"字，实际上就是自为客主，即谢安当众表演一身而兼通和难双方。《世说新语》文学门第六则记"（王）弼自为客主数番，皆一坐所不及"，可知自正始年间以来，自为客主也是清谈的论辩形式之一，而难度极高。所谓"加意气拟托"带有明显的"虚拟代言"成分，一会儿是通，一会儿是难，唇枪舌剑，互不相让，一较高低，全是一人包办。这不是任何人都可以做到的，故而支道林说"君一往奔诣，故复自佳耳"。

清谈，固然是以玄学义理为中心，可清谈家的兴奋点似乎更多在于获取"一往奔诣"的快感。《世说新语》文学门第四十则说："支（道林）通一义，四坐莫不厌心。许（询）送一难，

众人莫不抃（鼓掌）舞。"换言之，双方均为高手，通也好，
难也好，道理就是那些道理，可关键是能否产生"四坐莫不厌
心"和"众人莫不抃舞"的美妙效果。由此可见，清谈之魅力
在于玄理与口才交融而产生令人愉悦的乘法效应，是义理论
辩，也是智力游戏和口才竞技。

3 林道人诣谢公，东阳①时始总角，新病起，体未堪劳。与
林公讲论，遂至相苦②。母王夫人③在壁后听之，再遣信令
还④，而太傅⑤留之。王夫人因自出云："新妇少遭家难⑥，
一生所寄，唯在此儿。"因流涕抱儿以归。谢公语同坐曰：
"家嫂辞情忼慨，致可传述，恨不使朝士⑦见。"（文学39）

释义

①东阳：即谢朗，曾任东阳太守，故称。谢安侄子。其父
谢据，是谢安之兄，早卒。

②遂至相苦：此指很吃力地应对。

③王夫人：谢朗之母王绥（王韬之女）。

④遣信令还：派人带口信要他回家。

⑤太傅：即谢安，卒后赠太傅，故称。

⑥少遭家难：指丈夫谢据早卒，自己很早守寡。

⑦朝士：朝中士大夫。

释读

支道林到谢安家，那时谢朗还是个孩子，刚刚病好，身体还
没完全恢复，不耐劳累。谢朗跟支道林谈论，话题不轻松，他应

对得很吃力。他母亲王夫人担心儿子的身体，专门在墙外听他们谈论，听着儿子的应对那么吃力，更为焦急，就派人带口信要儿子回家。可是，谢安还是要将谢朗留下来。王夫人只好亲自出面，说："可怜可怜我嫁过来后不久就守寡吧，我一生的寄托就只在这个儿子身上了。"边说边流着眼泪，将谢朗抱起，转身回家。谢安对支道林说："家嫂刚才说的话，饱含深情而慷慨激昂，真是可以传世的名言，恨不得朝中的士大夫都能听见。"

这是一个颇有场面感的故事，谢朗母亲的操心焦虑和进进出出，以及她的一番言辞，很有小说意味。

据《晋书·谢朗传》，谢朗"善言玄理，文义艳发，名亚于（谢）玄"。谢安很注重教育自己的侄子，谢玄和谢朗都是从小就加以栽培的。所以，这两个侄子是谢家下一代的佼佼者。

谢安抓住支道林来访的时机，让谢朗有机会见识见识什么是高人，应该如何跟长辈学习，提升自己的素质和水平。所以，他嫂子要把谢朗带走，一开始谢安还不愿意，无非是想让谢朗多学习一会儿。

当然，谢安的情商也很高，他不是固执的人，听了嫂子的言谈，十分理解，也相当感动；对支道林说话，一方面是表扬嫂子爱子心切，一方面是对交谈忽然被嫂子中断有所解释。这也体现出谢安的社交技巧。

4 ▷ 庾仲初①作《扬都赋》成，以呈庾亮。亮以亲族之怀，大为其名价②云："可三《二京》，四《三都》③。"于此人人竞写④，都下⑤纸为之贵。谢太傅云："不得尔。此是屋下架屋⑥耳，事事拟学，而不免俭狭⑦。"（文学79）

释义

①庾仲初：即庾阐，字仲初，东晋颍川鄢陵（今河南许昌鄢陵）人，庾亮族人。平定苏峻之乱有功，官至彭城内史、给事中。

②名价：高度评价。

③可三《二京》，四《三都》：可以与《二京赋》（张衡《西京赋》《东京赋》）鼎足而三，与《三都赋》（左思《魏都赋》《吴都赋》《蜀都赋》）并列为四。

④人人竞写：人人传抄。

⑤都下：即京都建康。

⑥屋下架屋：比喻因袭别人，没有新意，徒添数量而已。

⑦俭狭：格局狭小。

释读

庾阐写出《扬都赋》，呈送庾亮审阅。庾亮出于关怀族人之心，对此作品大为赞赏，评价甚高，说："可以与《二京赋》鼎足而三，与《三都赋》并列为四。"有庾亮这句话，大家都纷纷传抄，京都建康之内，纸价为之高涨。谢安不以为然，说："不应如此。这种写法，陈陈相因，就像屋下架屋一样，什么都是有样学样，格局就不免狭小了。"

谢安重视创新，反对因袭，其文学创作观比庾亮要高明许多。

庾亮卒于晋成帝咸康六年（340），谢安生于晋元帝太兴三年（320），庾亮去世的时候，谢安才二十岁。庾阐在平苏峻之乱时立下功劳，因而升官，时在晋成帝咸和四年（329）左右，而其《扬都赋》当作于340年即庾亮去世之前。不知道谢安上述那番话说于何时，可以肯定的是，谢安四十岁后才步入官场，此前隐居东山，他跟庾亮、庾阐均没有个人关系上的交集；他批评庾阐的《扬都赋》是"屋下架屋"，不赞成庾亮的溢美评价，全无私情，而是出以公心。

庾阐作《扬都赋》，折射出当时的文学创作出现"事事拟学，而不免俭狭"的现象，谢安敏锐地加以批评，对于纠正写作上的偏向是有积极意义的。

反观谢安自己的写作，他注意表达上的独特性，比如，《世说新语》文学门第八十七则："桓公（温）见谢安石作简文谥议，看竟，掷与坐上诸客曰：'此是安石碎金。'"原来，简文帝驾崩之后，关于其谥号的奏议是出自谢安（字安石）的手笔，桓温读过了，大为赞赏，当众表扬："安石文章，字字如碎金那般可贵。"

当然，从今天的角度看，这类文章不算文学创作；而《全晋文》收录的谢安文字若干段，也只是零篇碎简而已。其文学才能到底如何，尚然不得而知。

5》袁彦伯①作《名士传》成，见谢公。公笑曰："我尝与诸人道江北事②，特作狡狯③耳！彦伯遂以著书。"（文学94）

‖ **释义**

①袁彦伯：袁宏（328—376），字彦伯，东晋文学家、史学家，陈郡阳夏（今河南太康）人。先后得到谢尚、桓温、谢安的赏识和器重，《晋书·袁宏传》称他为"一时文宗"。著有《名士传》三卷和《后汉纪》三十卷等。《世说新语》此处，传世诸本均作"袁伯彦"，乃依宋本《世说新语》而误，递相

因袭；其实，下文谢安称"彦伯"，已证宋本误刻。又，《世说新语》言语门第八十三则有"袁彦伯为谢安南司马"句，亦作"袁彦伯"。今据以改正，敬请垂注。

②江北事：指曹魏末年、西晋一朝的故事。彼时京师是洛阳，在长江以北，故称。

③狡狯：此处意为说着玩的。

释读

袁宏写成三卷本的《名士传》，拿去见谢安。谢安一见，笑着说："我曾经跟一些人讲述江北故事，本来只是随口说说，闹着玩的，没想到彦伯这么认真，竟然记下来写成书了。"

刘孝标注释此条，特别将《名士传》收录的名单列了出来："（袁）宏以夏侯太初、何平叔、王辅嗣为正始名士，阮嗣宗、嵇叔夜、山巨源、向子期、刘伯伦、阮仲容、王濬冲为竹林名士，裴叔则、乐彦辅、王夷甫、庾子嵩、王安期、阮千里、卫叔宝、谢幼舆为中朝名士。"换言之，《名士传》分为三卷，依次是卷一"正始名士"、卷二"竹林名士"、卷三"中朝名士"。

于此可见，袁宏的《名士传》主要是依据谢安的口述而写成。谢安在出山之前，潜心研究过曹魏、西晋的诸多名士，熟悉他们的思想和故事，在朋友聚会时娓娓道来，讲得津津有味，其中，最为热心的听众就是袁宏。这就是《名士传》的由来。估计到了刘孝标的时代，《名士传》依然流传，刘孝标就是看到此书才会注释得那么具体而详细。

此外，《世说新语》也记录了谢安平时念叨东晋以前的名士的话语，如赏誉门第九十七则："谢公（安）道豫章（谢鲲）：'若遇七贤，必自把臂入林。'"谢鲲官至豫章太守，是中朝名士之一，谢安对他充满敬意，表示要是谢鲲早出生，赶上"竹林七贤"的时代，一定会加入阮籍、嵇康他们的行列之中。

谢安对前代名士的身世了如指掌，如赏誉门第一百三十九则："谢胡儿（朗）作著作郎，尝作《王堪传》。不谙（王）堪是何似人，咨谢公（安）。谢公答曰：'世胄（王堪字）亦被遇。堪，烈之子，阮千里姨兄弟，潘安仁中外。安仁诗所谓子亲伊姑，我父唯舅。是许允婿。'"大意是，谢安的侄子谢朗（小字胡儿）出任著作郎，要写《王堪传》而不知王堪是何许人，问谢安，谢安介绍说：王堪是王烈之子，曾受朝廷的恩遇；他是阮瞻（千里）的姨表兄弟，是潘岳（字安仁）的中表兄弟，潘岳的诗里说"子亲伊（'伊'为语气词）姑，我父唯（'唯'是语气词）舅"，意为你母亲是我的姑母，我父亲是你的舅舅。王堪还是许允（曹魏时，官至中领军）的女婿。简直是如数家珍。可见谢安下了很大功夫，读过不少史料，才会如此熟悉。

连知名度不算太高的人谢安也能一一缕述，何况是鼎鼎大名的"竹林七贤"一类的人物呢？故而，袁宏作《名士传》，主要得益于谢安的口述，是可信的。

6 谢太傅盘桓东山时，与孙兴公诸人泛海戏①。风起浪涌，孙、王诸人②色并遽③，便唱使还。太傅神情方王④，吟啸不言。舟人以公貌闲意说⑤，犹去不止⑥。既风转急，浪猛，诸人皆喧动不坐⑦。公徐云："如此，将无归⑧？"众人即承响而回。于是审其量，足以镇安朝野。（雅量28）

|| **释义**

①泛海戏：出海游玩。

②孙、王诸人：指孙绰、王羲之等人。

③色并遽：一个个脸色突变。色，脸色；并，一起；遽，恐惧。

④神情方王（wàng）：振奋，兴致正高。王，通"旺"。

⑤貌闲意说（yuè）：样貌安闲，神意喜悦。说，通"悦"。

⑥犹去不止：依然不停地摇橹前行。

⑦喧动不坐：喧哗惊惶，起身不坐。

⑧将无归：恐怕还是回去吧。将无，恐怕，还是（此处表委婉语气）。

|| **释读**

　　谢安在东山过着悠闲生活的时候，有一次，跟孙绰等人一起出海游玩。忽然间，风高浪急，船摇摇晃晃，孙绰、王羲之等人一个个脸色突变，大声叫着要返航。谢安这时精神振奋，兴致不高，他不发一言，依然吟啸自乐，若无其事。船夫见谢安样貌安闲，神意喜悦，就不停地摇橹前行。可是，狂风越来越急，海浪越来越猛，船上的人一个个喧哗惊惶，起身不坐，坐也坐不稳了。谢安见状，才用商量的语气不慌不忙地说："这样一来，恐怕还是回去吧？"大家一听，正中下怀，赶紧呼应，船夫于是掉头而回。人们从中审视谢安的气量和风范，认为他有足以安定天下的才具。

　　刘孝标注引《中兴书》曰："（谢）安先居会稽，与支道林、王羲之、许询共游处。出则渔弋山水，入则谈说属文，未尝有处世意也。"据此，可知文中的"王"就是王羲之。

这一次泛海的故事，《晋书·谢安传》也采录，其依据就是《世说新语》，文字略同。《晋书》的编写者显然对此故事极感兴趣，认为可以反映谢安遇事不乱、气定神闲的雅量。

谢安不是一个急性子的人，能够沉得住气，尽管常说自己有"东山之志"，但是，他更有"谋定而后动"的器识，不惊慌，也不固执，大度从容，举重若轻，待到出山时，则可以一举成名，建功立业。所谓"于是审其量，足以镇安朝野"，诚非虚言。

7 褚期生①少时，谢公甚知之，恒云："褚期生若不佳者，仆②不复相士③。"（识鉴24）

|| **释义**

①褚期生：即褚爽，字茂弘，小字期生，好谈老庄。官至中书郎、义兴太守。其女儿为晋恭帝皇后。早卒，因属外戚，赠金紫光禄大夫。

②仆：第一人称（自谦用法），我。

③相士：给人看相，识别人才。相，用为动词，看相，鉴别。

|| **释读**

褚爽年少的时候，谢安就对他很了解，常说："褚期生将来要是不成为杰出人物的话，我就不再给人看相、识别人才了。"

看来，谢安对东汉以来流行的观人术是有其造诣和心得的。而东汉观人术的重要产物是东汉末年刘劭撰写的《人物志》。此书与汉代官场上的品鉴风气有直接关系，是观人术的经验及理论的总结和阐释。全书的关键词是"观人察质"，即由表及里地观察、判断一个人是否成才，其要诀是"观人察质，必先察其平淡，而后求其聪明"（卷一）。全书三卷十二篇围绕这个核心问题展开。我们不知道谢安是否读过《人物志》，不论如何，谢安口中的"相士"话题与"观人察质"的主流相术不会无关。

然而，谢安自有其异于别人的观人术。他很看好褚爽，除了褚爽本人的条件外，还有其家世背景，比如，褚爽的祖父褚裒，谢安就十分敬重，《世说新语》德行门第三十四则："谢太傅绝重褚公，常称：'褚季野（褚裒，字季野）虽不言，而四时之气亦备。'"大意是，褚裒就算一言不发，也可以看出其人有中和气象，可以应对复杂多变的环境。《人物志》说："凡人之质量，中和最贵矣。中和之质，必平淡无味，故能调成五材，变化应节。"（卷一）从这一条看，谢安的观人术借鉴过《人物志》的可能性较大。其实，他这么看好褚爽，且相当自信，源于他对褚爽的家世、家教的了解；原来，褚爽有一位十分杰出的祖父，祖孙相依，孙子受到祖父的良好影响也是很关键的。于此可知，不是一般的术士给人看相那么简单了。

谢安看人，还会参以《易》理，如《世说新语》赏誉门第一百三十三则，记谢安称赞王濛有话不多的性格特点："谢公云：'长史（王濛，曾任司徒左长史）语甚不多，可谓有令音。'"大意为王濛话很少，可不说则已，一说就必定有理有据，不发虚言，是为"令音"。这一点，与《周易·系辞下》"吉人之辞寡，躁人之辞多"是相通的。

总之，谢安会看人，而且看得准。看的方式和角度并不单一，形成谢安自家的观人术。他鉴别褚爽，只是一个案例而已。

8 谢公与时贤共赏说①，遏、胡儿②并在坐。公问李弘度③曰："卿家平阳④，何如乐令⑤？"于是李潸然流涕曰："赵王篡逆⑥，乐令亲授玺绶⑦。亡伯雅正，耻处乱朝⑧，遂至仰药⑨。恐难以相比！此自显于事实，非私亲之言。"谢公语胡儿曰："有识者果不异人意⑩。"（品藻46）

释义

①赏说：品鉴和评说。

②遏、胡儿：即谢安的侄子谢玄（小字遏，其父谢奕）、谢朗（小名胡儿，其父谢据）。

③李弘度：即李充，字弘度，官至中书侍郎。鄙夷虚浮之学，曾注《尚书》，撰有《周易旨》等。

④平阳：即李重，字茂曾，李充伯父。曾任平阳太守，故称。

⑤乐令：即乐广，中朝名士之一，曾任尚书令，故称。

⑥赵王篡逆：指晋惠帝时，赵王司马伦废帝而篡位。

⑦乐令亲授玺绶：指赵王司马伦登太极殿僭逆为帝时，乐广等人"进玺绶（玉玺上所系的彩色丝带）于（司马）伦"，等于承认了司马伦的皇帝身份。事见《晋书·赵王伦传》。

⑧乱朝：此指伪朝。

⑨仰药：服毒自尽。

⑩不异人意：意为与人们的看法相同。

释读

谢安跟当时的一批才俊之士谈论前人，品鉴评说，谢玄、谢朗也在座。谢安问李充："阁下家的李平阳跟乐令比较，该如何评价呢?"李充听到这个问题,不禁想起伯父李重临终前的情景,潸然泪下,答道:"赵王司马伦篡逆时,乐令亲自将玉玺上所系的彩色丝带交到了赵王手里。而我的伯父,为人雅正,以处于伪朝为耻,乃至于服毒自尽。乐令难以跟我的伯父相比啊!我只是据实而论,并非带着私人感情说些偏心的话。"谢安听后,对谢朗说:"你看,有识之士说话就是实在,果然跟人们的看法相同。"

关于李重离世的细节,有不同说法。"仰药"出自其侄儿李充之口,姑备一说。《晋书·李重传》的说法是"永康初,赵王伦用为相国左司马,以忧逼成疾而卒,时年四十八"。不论如何,李重死于赵王司马伦篡逆之际,痛恨伪朝,是可以肯定的。刘孝标注引《晋诸公赞》曰:"赵王为相国,取(李)重为左司马,重以(司马)伦将篡,辞疾不就。敦喻之,重不复自治,至于笃甚。扶曳受拜,数日卒。"《晋书》大概取信于《晋诸公赞》的说法。

看得出,谢安更为尊敬李重而不是乐广。乐广尽管名气很大,曾以一句"名教中自有乐地"而广为人知,可是,晚节不保。在谢安的心目中,乐广绝非完人。

谢安对于西晋时期的人物是相当了解的,如何评价,其实心中有数。他借这个"遏、胡儿并在坐"的场合,通过对比,暗示在政治立场上怎样做出正确的选择,以此对两个侄儿进行教育。所以,待到李充说完后有"谢公语胡儿曰"的细节。

谢安甚为重视对侄儿的培育。如《世说新语》纰漏门第五则:"谢虎子尝上屋熏鼠。胡儿既无由知父为此事,闻人道'痴人有作此者',戏笑之。时道此非复一过。太傅既了己之不知,因其言次,语胡儿曰:'世人以此谤中郎,亦言我共作此。'胡儿懊热,一月日闭斋不出。太傅虚托引己之过,以相开悟,可谓德教。"大意为，谢朗的父亲谢据小时候曾经做过一件傻事，就是爬上屋顶熏老鼠（白费功夫）。当时，人们作为笑话来讲，说的是只有痴人才会做这样的事情。谢朗不知是在说自己的父亲，于是跟着说，以为好玩，还不止一次。谢安觉得不妥，趁着谢朗又说笑话时，故意把自己也扯进去，说："你知道吗，这个笑话说的就是你的父亲！是人们恶意诽谤他，还说我也有份这么干。"谢朗听后，十分懊悔，才明白自己不懂得"为尊者讳"，十分内疚，将自己关在房间里，整月不出。谢安的话，启迪谢朗以后不要再提这个故事，以免有损父亲的声誉。晋朝司马氏"以孝治天下"，说谢安的举动属于"德教"，是以此为背景。

总的来看，谢安教育侄儿，大体以儒家的忠孝节义为主。

9▷ 谢公尝与谢万①共出西②，过吴郡。阿万欲相与共萃王恬许③，太傅云："恐伊④不必酬汝，意不足尔⑤！"万犹苦要⑥，太傅坚不回⑦，万乃独往。坐少时，王便入门内，谢殊有欣色，以为厚待己。良久，乃沐头散发而出，亦不坐，仍据胡床⑧，在中庭晒头，神气傲迈，了无相酬对⑨意。谢于是乃还。未至船，逆呼太傅。安曰："阿螭不作⑩尔！"（简傲12）

‖ **释义**

①谢万：谢安的弟弟，字万石。为人高傲。官至西中郎将，后兵败而免为庶人。下文"阿万"，是其昵称。

②出西：东晋时语，谓会稽人向西出发前往京师建康。

③共萃王恬许：一起到王恬那里小聚一下。萃，小聚。王

恬，字敬豫，是王导次子。当时，任吴郡太守。下文"阿螭"，是其小名。许，表处所。

④伊：第三人称代词，意同"他"。

⑤意不足尔：我的意思是不值得去做（自讨没趣）。不足，不值得。

⑥苦要（yāo）：竭力恳求。要，邀约。

⑦坚不回：坚决不答应。

⑧据胡床：指半躺在胡床上。胡床，坐具，如同折叠椅，源自西域，故称。

⑨酬对：款待。

⑩不作：没有理睬。

‖ 释读

谢安有一次和谢万一起走水路离开会稽，向西出发前往京师建康，路经吴郡。当时吴郡太守是王导的次子王恬，谢万很想到王恬那里去小聚，要谢安同往，谢安不同意，说："我估计他不会理你的，不值得自讨没趣。"谢万执意要去，竭力怂恿，可谢安坚意留在船上，不答应上岸。谢万只好独自上了岸，去找王恬。他在王恬家坐了没多久，王恬就往屋里走，谢万见状，面露喜色，以为王恬要吩咐家人好好款待自己。可过了很久，还不见王恬出来；好不容易等到王恬走过来，却发现原来他进去洗头，眼下正散开头发，来到面前，也不陪坐，依然跟谢万刚进来时看到的一样，半躺在胡床上，悠悠然在天井里晒太阳，好让头发快点干，神气傲慢超然，一点儿也没有款待的意思。谢万于是不得不离开，返回岸边，还没到停靠点，谢万逆风大叫，告知谢安自己回来了。谢安没好气地说："肯定是阿螭不理你了。"

王恬，是其父王导不太喜欢的儿子，《晋书·王恬传》说他"性傲诞，不拘礼法"，他对谢万的到访采取漠然不理的态度，竟然连起码的礼节也不讲，实在是很过分。

谢万想见王恬，大概别有意图，就算谢安极力反对，他也要去碰一下，可知是冲着王恬那个吴郡太守的身份来的。可谢安早有预见，且不出所料，折射出谢家与王家的关系已经有些紧张，也有些不妙。事实上，谢家与王家算是姻亲，谢安的侄女谢道韫嫁给了王羲之的儿子王凝之，弄得很不愉快，这类失败的婚姻并非个案，在王、谢两家常有发生（可参见《世说新语》雅量门第三十八则，以及本书的谢玄部分），由姻亲而生怨怒，关系越来越坏。谢万的敏感度不如谢安，故而还有点傻乎乎，到王恬家碰了一鼻子灰。

谢万其实一向不让谢安省心，其人的高傲程度不亚于王恬，且情商不高。问题是，身为弟弟的谢万出道早于哥哥谢安，他已经当官了，谢安还是"白衣"，可就算是"白衣"，谢安还是帮了弟弟的大忙，否则，谢万可不知如何收场。《世说新语》简傲门第十四则："谢万（时任西中郎将）北征，常以啸咏自高，未尝抚慰众士。谢公甚器爱万，而审其必败，乃俱行，从容谓万曰：'汝为元帅，宜数唤诸将宴会，以说（悦）众心。'万从之。因召集诸将，都无所说，直以如意（一种搔背的用具，俗称"不求人"）指四坐云：'诸君皆是劲卒（对将士的蔑称）。'诸将甚忿恨之。谢公欲深著恩信，自队主将帅以下，无不身造（亲自造访），厚相逊谢。及万事败，军中因欲除之。复云：'当为隐士（指谢安）。'故幸而得免。"大意为，谢万以西中郎将的身份指挥军队北征，可是，对将士毫无体贴之心，只是一味"啸咏自高"，以居高临下的姿态对待军人。谢安看出问题，劝告谢万要懂得笼络军心，设宴招待，说些体贴和鼓励的话。谢万听从了，却还是不会激励将士，拿着一根如意指来指去，还蔑称将士为"劲卒"，引发将士们的强烈反感。谢安不得不亲自出来缓和气氛，一个个拜访，深表谢意，赢得将士们的信任。后来，谢万指挥失败，狼狈不堪，将士们本来要把他除掉，只是看在谢安的面子上宽恕了谢万而已。

谢安与谢万，故事不少。两相对比，弟弟大为不如哥哥。谢安能够立下一番功业，从这对兄弟相处的故事里可以得到某些答案。

10 > 谢太傅于东船行①，小人②引船，或迟或速，或停或待，又放船从横③，撞人触岸。公初不④呵谴⑤，人谓公常无嗔喜。曾送兄征西⑥葬还，日莫⑦雨驶⑧，小人皆醉，不可处分⑨。公乃于车中，手取车柱⑩撞驭人，声色甚厉。夫以水性沈柔⑪，入隘奔激⑫。方之人情⑬，固知迫隘之地，无得保其夷粹⑭。（尤悔14）

||| **释义**

①于东船行：在会稽坐船出行。东，此处特指会稽（相对于京师建康而言，会稽在其东边）。

②小人：指船夫。下文"小人""驭人"指驾车的仆人。

③从（zòng）横：同"纵横"。从，通"纵"。

④初不：从不。初，在两晋六朝时有"全""都"之义，与否定词连用。

⑤呵谴：呵斥谴责。

⑥兄征西：谢安兄长谢奕，官至安西将军，卒后赠镇西将军。"征西"疑为"安西"之误。

⑦日莫：日暮。莫，通"暮"。

⑧雨驶：雨急。驶，迅急。

⑨不可处分：未能及时处置。

⑩车柱：车上可拆卸的圆木。

⑪水性沈（chén）柔：水性本是深沉而柔弱的。沈，同"沉"。

⑫入隘奔激：水流经狭隘之处会显得急促激荡。

⑬方之人情：跟人情相比拟。

⑭夷粹：平和纯正。

释读

谢安在会稽坐船出行，船夫撑船，很不稳当，一会儿快，一会儿慢；有时或是停下来或是不知在等待什么，有时却任由船只横着竖着乱走，撞了人有之，触了岸亦有之，可谢安从不呵斥责骂，人们都说谢公喜怒不形于色。然而，兄长谢奕去世，谢安护送灵柩返乡安葬，暮色苍茫，骤雨急至，驾车仆人喝醉了酒，未能及时处置，狼狈不堪。谢安坐于车中，情急之下，抄起了车上的一根木棍，击打车夫，示意车夫赶紧躲雨，疾言厉色，大发脾气。好有一比：水性本是深沉而柔弱的，可是，每当流经狭隘之处就会显得急促激荡；人情亦然，若置身于困急处境，难以保持平和心态，喜怒之情也就无法掩饰了。

谢奕的从兄谢尚卒于晋穆帝升平元年（357），谢奕因"立行有素"而继任谢尚空出的职位，出任安西将军、豫州刺史（《晋书·谢奕传》），可上任大概不足一年，谢奕也去世了，时在晋穆帝升平二年（358）；可知，谢安护送谢奕灵柩返乡即在此年。换言之，谢安失态斥骂车夫，还在他出山（晋穆帝升平四年，360年）之前。

这个故事，重点在谢安"手取车柱撞驭人，声色甚厉"的细节。谢安熟悉"竹林七贤"的故事以及他们的行事方式，遇事不乱、喜怒不形于色等"魏晋风度"，是谢安的日常功课，故而极少见到谢安发脾气。然而，谢安痛失兄长，心情已经很坏；遇上途中有骤雨，而车夫醉酒不能及时安置好车辆，更让谢安心焦。谢安失态，情有可原。"夫以水性沈柔，入隘奔激。方之人情，固知迫隘之地，无得保其夷粹"，这一段话，专门为谢安这一次发脾气辩护。在《世说新语》里，类似这样直接加以议论的文字颇为少见，编写者显然偏爱谢安。

附带一提，谢尚、谢奕的相继去世，还有谢万的声誉大损，这一切都发生在谢安出山之前，谢氏门阀出现了很大危机，这是谢安未能免俗、不得不出任桓温司马的重要原因。

11 ➤ 谢公在东山畜妓①，简文②曰："安石必出。既与人同乐，亦不得不与人同忧。"（识鉴21）

|| **释义**
②畜妓：此指家庭伎乐，以女性为主，演习音乐舞蹈。
③简文：即简文帝司马昱（晋元帝少子）。

|| **释读**
谢安隐居在东山，家里还养着若干演习音乐舞蹈的女子，

与众人一同娱乐。简文帝司马昱说："安石必有出山的一天。理由是：既然与众人同乐，也不得不与众人同忧。"

谢安名气颇大。他从小就得到王导的赏识，就算是隐居在东山，也已经是名声在外，连东晋开国皇帝晋元帝的小儿子司马昱也早就关注他了。

其实，司马昱所说的"安石必出"只是一个逻辑不严谨的推论。他以"谢公在东山畜妓"为其推论的由头：既然养着一批女子，唱歌跳舞，与人同乐；那么，有乐亦有忧，如同有阳亦有阴一样，照此说来，谢安也会与人同忧；如今，家国多事，忧愁不断，谢安必出。

司马昱估计是在半开玩笑，"安石必出"是想当然的推论，而绝非有什么事实依据。他由"谢公在东山畜妓"而做出上述的联想和猜测，实在有些出人意表。

刘孝标注引宋明帝《文章志》："（谢）安纵心事外，疏略常节，每畜女妓，携持游肆也。"可以看出，谢安的"疏略常节"还比较张扬，不守礼教也就罢了，还领着女伎招摇过市，或许会引来好事者的欢呼和掌声，也或许会引来卫道者的嘘声和非议，反正会众说纷纭，话题不断。

不过，司马昱的话后来果然得到了验证，谢安真的出山了。这是戏剧性事件。《世说新语》赏誉门第七十七则揭示出一个内情："王右军（羲之）语刘尹（刘惔）：'故当共推安石。'刘尹曰：'若安石东山志立，当与天下共推之。'"王羲之年长于谢安，刘惔是谢安的大舅子，他们也在暗中议论如何推谢安出山。似乎他的大舅子心里更急，表示"当与天下共推之"，再拖下去不是办法，要发动天下的人，一定让谢安出来为国效劳。

一则是"东山畜妓"，一则是"安石必出"，二者构成很大的戏剧张力。谢安既是历史人物，也是话题人物；能兼而有之者，历史上亦复不少，可像谢安如此好玩的却也不多。

附带一提，谢安家畜伎，《世说新语》里有一条旁证，见贤媛门第二十三则："谢公夫人帏诸婢，使在前作伎，使太傅暂见，便下帏。太傅索更开，夫人云：'恐伤盛德。'"可知，谢家之"伎"并非谢安专享，管控权在夫人的手里；夫人有时会"帏诸婢，使在前作伎"，即歌舞表演，让谢安"暂见"，即看一会儿；然后，要谢安离场。要是谢安提出还想继续看演出，夫人会劝阻。上文中的"下帏"指夫人让谢安从帏中退下（退出），故才会有谢安"索更开"的请求。简文帝说"（安石）与人同乐"，大概就是指这类家庭乐事。

12 ▷ 初，谢安在东山居，布衣，时兄弟已有富贵者，翕集①家门，倾动人物②。刘夫人③戏谓安曰："大丈夫不当如此乎？"谢乃捉鼻④曰："但恐不免耳！"（排调27）

‖ **释义**

①翕（xī）集：齐集。翕，聚合。

②倾动人物：引起人们的一阵轰动。

③刘夫人：谢安夫人，刘惔之妹。

④捉鼻：捏着鼻子。谢安自小有鼻疾，语音重浊，想悄声说话时要捏着鼻子。

‖ **释读**

早年，谢安隐居东山，是布衣身份，而他的兄弟已经出仕多年，享有荣华富贵。某天，谢家兄弟齐聚一堂，引起人们的一阵轰动。谢安夫人刘氏看到这种场面，半开玩笑地跟谢安说："你看这些兄弟，多风光，大丈夫不也应当如此吗？"谢安不无尴尬，捏着鼻子悄声说："就怕也难免要出山了。"

谢安为布衣时，其从兄谢尚、亲兄谢奕，以及亲弟谢万等，均已出仕，且都成为有头有脸的人物，从世俗眼光看，谢安的隐居实在让夫人感到太没面子了。

谢安似乎有自己的判断。这一次，谢家兄弟齐集，估计谢万也在，但谢万在谢安出山之前名声已经不佳；就事实而论，谢安的出山与谢万的被废黜有直接关系，《资治通鉴》卷一○一写道："谢安少有重名，前后征辟，皆不就，寓居会稽，以山水、文籍自娱。……及弟（谢）万废黜，安始有仕进之志，时已年四十余。征西大将军桓温请为司马，安乃赴召，温大喜，深礼重之。"谢万被废黜，在晋穆帝升平三年（359）；谢安出山，在晋穆帝升平四年（360），二者甚有关联，不可忽视。"但恐不免耳"就是谢安的判断，不完全是刘夫人的一句话激发出来的，更有可能是与谢万有关。

谢万出局，大为削弱谢氏门阀的势力；谢安入局，自有谢安的精算在内。谢安善于下围棋，其精算功力不能小觑。他貌似超然，可是，种种迹象表明，他时刻准备着要出山。何以见得？请看他虽身为布衣，却能够进入谢万的军队里安抚众将士，对军队的运营相当熟悉，比军队统帅谢万还要懂得军事；请看他平时如何训练和培养两个侄儿谢玄、谢朗，基本上灌输的是儒家忠孝节义的观念；请看他平时是如何研究前辈人物之得失优劣并精通观人术；等等。这一切都是为出山做准备的，否则，如果是一心悠游山水，则是何苦来哉？

　　谢安难得的是能沉得住气，不到关键时刻不动真格。而他时时充实自己、磨炼自己，甚至是遇到一场风浪，也要借此锻炼自己顽强镇定的心理素质（参见《世说新语》雅量门第二十八则，以及本书谢安部分）。由此可见，谢安的成功绝非偶然。

　　话说回来，谢安夫人的影响也是一种因素。她说"大丈夫不当如此乎"，是有着激励作用的。平时，这位刘夫人对丈夫多有规诫，如《世说新语》轻诋门第十七则："孙长乐兄弟就谢公宿，言至款杂。刘夫人在壁后听之，具闻其语。谢公明日还，问：'昨客何似？'刘对曰：'亡兄门，未有如此宾客！'谢深有愧色。"孙长乐兄弟，即孙绰（袭封长乐侯）和其兄孙统，都是当时的名士，可是，刘夫人暗中听他们的言谈，觉得杂乱，有些语无伦次，提醒谢安："要是我的哥哥刘惔在世，他是不会结交这类朋友的。"诸如此类，对谢安而言是有益的。

13▷谢公在东山，朝命屡降①而不动。后出为桓宣武司马②，将发新亭③，朝士咸出瞻送④。高灵⑤时为中丞⑥，亦往相祖⑦。先时多少饮酒⑧，因倚如醉，戏曰："卿屡违朝旨，高卧东山，诸人每相与言：'安石不肯出，将如苍生何？'今亦苍生将如卿何？"谢笑而不答。（排调26）

‖ **释义**

　　①朝命屡降：朝廷诏命多次下达。降，下达。

　　②桓宣武司马：即桓温（死后谥号"宣武"）的属官。司马，参议军事。

　　③新亭：代指京师建康。新亭，在建康西南约十五里，临

江，既是一处名胜，也是到达京师的上岸地点。

④朝士咸出瞻送：此指在谢安老家附近的朝廷命官都前来送别。瞻送，送行。

⑤高灵：即高崧，字茂琰，小字鄮（或作灵）。自小好学，擅长书史。曾得到谢安之弟谢万（时任豫州都督）的好评。官至侍中。

⑥中丞：即御史中丞。

⑦相祖：饯行。祖，即祖饯，本指出行时祭祀路神，引申为饯行、送别。

⑧多少饮酒：指多多少少喝了酒。多少，表不定的少量。

‖ 释读

谢安在浙江的东山隐居，朝廷诏命多次下达，却屡不受命，不为所动。后来，终于答应出任桓温的司马，将要赴京，向建康的新亭进发，此刻，附近的朝廷命官都前来送别。时任御史中丞的高灵也参与送行，他多多少少喝了些酒，不耐酒力，趁着几分醉意跟谢安开起玩笑来了："阁下屡次违抗朝廷诏命而在东山高卧，大家常常议论起来都会很焦急地说：'安石不肯出，叫天下苍生怎么办啊！'可如今出山了，那是不是要倒过来说：天下苍生要拿阁下怎么办呢？"谢安听了，一时语塞，不好接腔，仅仅以笑回应。

《晋书·谢安传》亦记载此事。这件事，是谢安生命史上的一个转折点：此前，高调隐居，可谓傲视朝廷；此后，却是高调从政，全力投入，步步高升，建功立业，彪炳千古。

"出为桓宣武司马"是谢安仕途的起点。在某种意义上说，桓温是识拔谢安的贵人。可从另一个角度看，谢安进入官场的处女秀给了桓温，是对桓温的敬重。

《世说新语》赏誉门第一〇一则，描述谢安对桓温表现得十分恭谨："谢太傅为桓公司马，桓诣谢，值谢梳头，遽取衣帻，桓公云：'何烦此！'因下共语至暝。既去，谓左右曰：'颇曾见如此人不？'"大意为，谢安已经入职了，成为桓温的属官；桓温某日去谢安的住处，刚好谢安正在梳头，一听说桓温到来，赶紧穿回正装，戴好头巾，出来迎接。桓温见状，随和地说："我随便来，你随便穿就得了！"桓温下车，进去跟谢安聊天，一聊就聊到天黑。离开之后，桓温对随从说："你们见过这样的人物没有呢？"又，《世说新语》赏誉门第一〇五则，同样描述谢安与桓温的关系："桓大司马病。谢公往省病，从东门入。桓公遥望，叹曰：'吾门中久不见如此人！'"桓温对谢安的赏识之情溢于言表。而谢安敬重桓温、投桃报李也是事实。

"安石不肯出，将如苍生何"自然有些过甚其辞，可是，谢安告别东山的情景，已经定格为以上的送别画面了。

有趣的是，高灵送别时说的话略带几分揶揄。无独有偶，也有人在谢安出山之后讲了些不无挖苦的闲言碎语，如《世说新语》排调门第三十二则："谢公始有东山之志，后严命屡臻，势不获已，始就桓公司马。于时人有饷桓公药草，中有'远志'。公取以问谢：'此药又名小草，何一物而有二称？'谢未即答。时郝隆在坐，应声答曰：'此甚易解：处则为远志，出则为小草。'谢甚有愧色。桓公目谢而笑曰：'郝参军此过乃不恶，亦极有会。'"刘孝标注引《本草》曰："远志一名棘菀，其叶名小草。"当时在场的郝隆借一种药草的两个名称来挖苦谢安，说他原有的"东山之志"（即"处"）是"远志"，而出任桓温司马（即"出"）之后就是"小草"。桓温说"郝参军此过乃不恶"，这句话中的"过"是清谈术语，指对字句的解释，与另一清谈术语"通"互相对待（"通"指通解文章大意而不做字句解释；可参见《世说新语》文学门第二十八则，以及本书的谢尚部分）。

附带一提，出山的谢安是古代文人十分向往的榜样，如在他身后的李白，就迷醉于谢安的风姿。李白于唐玄宗天宝元年（742）出游东山，凭吊谢安遗迹，写下了一首《东山吟》；后来，他在晚年（唐肃宗至德二年，757年）加入永王李璘的幕府，写诗时还禁不住将自己比拟为谢安，极为高调地推销自己："三川北虏乱如麻，四海南奔似永嘉。但用东山谢安石，为君谈笑静胡沙。"（《永王东巡歌十一首》之二）说李白是"谢安迷"，大概也符合实情。

14> 谢安南①免吏部尚书还东②，谢太傅赴桓公司马出西③，相遇破冈④。既当远别，遂停三日共语。太傅欲慰其失官，安南辄引以它端。虽信宿⑤中涂⑥，竟不言及此事。太傅深恨⑦在心未尽，谓同舟曰："谢奉故是奇士。"（雅量33）

‖ **释义**

①谢安南：即谢奉，字弘道，会稽山阴（今浙江绍兴）人，曾任安南将军，故称。

②还东：返回会稽。东，此处特指会稽。

③出西：往西走（建康方向）。出，前往。

④破冈：地名，全称破冈渎，是句容（今江苏句容）至云阳（今江苏丹阳）之间的一条航道。是三国时孙权下令开凿的。

⑤信宿（xiǔ）：连住两晚。

⑥中涂：中途。

⑦深恨：深感遗憾。

|| 释读

谢奉被免去吏部尚书职位，往东走返回老家会稽；谢安刚好出山，往西走赴任桓温司马，二人途中在破冈水道相遇。本是老相识，又同是谢氏族人，这一次见面后即远隔西东，不知何时重逢，于是相约，停船靠岸，共处三天两夜。每逢谢安想劝慰谢奉放开怀抱，不要在意免官离京，谢奉就立即将话题引开，谈别的事情。尽管连住两晚，可谢奉绝口不提去职返乡之事。分别后，谢安觉得自己有心劝慰而未能如愿，深感遗憾，在船上对同伴说："谢奉本来就是一位奇士。"

俗话说：有人辞官归故里，有人连夜赶科场。这里，若将"辞官"改为"免官"就符合谢奉的实情。对于谢奉和谢安来说，他们的相遇大体跟以上俗话所说的情景是吻合的。

谢安出山，为桓温所提拔，时在晋穆帝升平四年（360）。没想到，好不容易等到四十岁后出仕，却在赴任的路上不期然遇上被罢官的谢奉。

谢安有不少宽慰的话要跟谢奉说，每到嘴边都被谢奉挡了回去，一直到分手也没有机会一诉心声。可是，谢安能说什么呢？自己正在赴任的兴头上，是跟一个刚被免官的人说"没关系，看开点"之类的话，还是说"您看我四十岁后还有机会，您的机会还是有的"之类的话呢，不得而知。可不管怎么说，谢奉避而不谈免官一事，不一定是觉得无所谓，更有可能是痛并忍受着。

无论如何，谢安巧遇谢奉，实在太有戏剧性了。

15⟩ 戴公①从东出②，谢太傅往看之。谢本轻戴，见但与论琴书。戴既无吝色③，而谈琴书愈妙。谢悠然知其量。（雅量34）

||| **释义**

①戴公：对戴逵的尊称。

②从东出：从会稽来京师（建康）。

③无吝色：没有不乐意的神色。

||| **释读**

戴逵从会稽来到京师，谢安去看他。谢安本来不太重视戴逵，见面时只限于谈论弹琴、书法之类的话题。戴逵也不介意，毫无不乐意的神色，还倾其所知，无保留地讲述自己对弹琴、书法的见地，越往深处谈越是精妙。谢安这才知晓戴逵其人超然洒脱，气量宽宏。

戴逵，即王徽之"雪夜访戴"之人。《晋书·戴逵传》称，戴逵"性高洁，常以礼度自处，深以放达为非道"。这样的性格，与谢安颇有不合。《晋书·王坦之传》说谢安居丧期间，"不废妓乐，颇以成俗。坦之非而苦谏之……书往反（返）数四，（谢）安竟不从"。可见谢安有不守礼度、放达任性的一面，王坦之曾经苦口婆心加以劝诫，谢安依然故我，不予采纳。这或许是"谢本轻戴"的内情，即二人的个性颇有差异，故而谢安不算太喜欢戴逵。

这一次，戴逵到京师，谢安见到他后看法有所改变。也许，谢安先入为主，曾以为戴逵"常以礼度自处，深以放达为非道"，大概是将他看作经常严肃批评王导的蔡谟一类人物（参见本书王导部分），于是，对戴逵多少有些成见；可没有想到，戴逵不会因为谢安略带冷漠的态度而心存芥蒂，仍然谈笑风生，清雅可爱，这就令谢安刮目相看了。

其实，戴逵并非蔡谟一类的人物，他跟以放达出名的王徽之交上朋友，足以说明他虽然不会像王徽之那样任性不羁，可也不像蔡谟那样动不动就板起脸孔训人（王导因此就很讨厌蔡谟）。谢安经过深入接触，发现过去自己对戴逵有误判而"悠然知其量"，可见谢安能够欣赏别人的长处而及时调整早前的判断，并不固执己见。

16 桓公①既废海西②，立简文，侍中谢公③见桓公拜。桓惊笑曰："安石，卿何事至尔？"谢曰："未有君拜于前，臣立于后！"（排调38）

|| **释义**

①桓公：对桓温的尊称。

②海西：即司马奕（342—386），晋成帝之子，晋哀帝的同母弟；晋哀帝崩，于兴宁三年（365）继位，太和六年（371）被桓温废除皇位为海西县公，故称。

③侍中谢公：谢安曾任侍中一职，故称。

|| **释读**

桓温已经将司马奕的帝位废掉，改称海西县公，扶立司马昱为简文帝。当时，谢安出任侍中，见到桓温，想到连简文帝都要给他行拜礼，于是下跪行礼。桓温颇为惊讶，笑着说："安石，你何至于此呢？"谢安回答道："国君此前见到您也要行

礼，我作为臣子没有理由站立不拜啊。"

简文帝是桓温扶立起来的傀儡，人所共知。简文帝对桓温谦恭有礼，这对谢安的刺激很大。谢安"见桓公拜"，表面上是谦敬有加，实际上是暗讽桓温将自己摆在至高无上的地位。此时，谢安与桓温的关系发生了明显的变化。

谢安不赞成桓温篡权，这是他持守儒家忠孝节义观念的具体表现。因此，桓温也开始对谢安有所戒备，甚至起了除掉谢安之心（参见《世说新语》雅量门第二十九则，以及本书谢安部分）。上面的故事，以桓温的聪明，他不会不知道谢安话里有话。

本来，在司马昱成为简文帝之前，司马昱、谢安、桓温三人的交往是比较平和的，如《世说新语》容止门第三十四则："简文作相王时，与谢公共诣桓宣武。王珣先在内，桓语王：'卿尝欲见相王，可住帐里。'二客既去，桓谓王曰：'定何如？'王曰：'相王作辅，自然湛若神君，公亦万夫之望。不然，仆射何得自没？'"

大意为，司马奕立为皇帝时，会稽王司马昱进位丞相，是为相王，一次，他跟谢安一起去拜见桓温，刚好王珣（王导之孙）早前已在桓府，桓温告知王珣："你想见到相王就躲进帐里吧。"等到谢安和司马昱告辞后，桓温问王珣："你的印象到底如何？"王珣答道："相王出任辅政之职，自然深沉稳重、机敏贤明，明公您也是万民仰望的大人物。要不然，谢仆射怎么会愿意隐没在您的身后呢？"谢安是桓温赏识并提拔的人，王珣说谢安此时在桓温的光环之下，是符合实情的。王珣不偏不倚，对三个人分别做出了好评，谁也不得罪。从上述场景看，谢安作为桓温的属下，去桓温那里是很正常的；不太正常的是相王司马昱，他还要谢安陪着去找桓温，可见桓温权势之大、気焰之高，真是不可一世。

这样的桓温，是谢安所不能接受的。他与桓温的矛盾也由此而起。

17 > 桓公伏甲设馔①，广延朝士，因此欲诛谢安、王坦之②。王甚遽③，问谢曰："当作何计？"谢神意不变，谓文度曰："晋阼④存亡，在此一行。"相与俱前。王之恐状，转见于色。谢之宽容，愈表于貌。望阶趋席⑤，方作洛生咏⑥，讽"浩浩洪流⑦"。桓惮其旷远，乃趣解兵⑧。王、谢旧齐名，于此始判优劣。（雅量29）

||| **释义**

①伏甲设馔：摆设宴席而埋下伏兵。

②王坦之：（330—375），字文度，东晋太原晋阳（今山西太原）人，王述之子。官至中书令。

③遽（jù）：恐惧。

④晋阼（zuò）：指东晋司马氏皇权的命运。阼，本指大堂前的台阶，此处通"祚"（皇帝的地位）。

⑤望阶趋席：拾级而上，快步走到自己的席位。

⑥作洛生咏：依照洛阳书生的读书音来吟咏。

⑦浩浩洪流：嵇康诗句，见《兄秀才公穆入军赠诗十九首》之第十四首（戴明扬撰《嵇康集校注》，中华书局，2018年，第19页）。

⑧乃趣（cù）解兵：于是赶紧传口令撤走伏兵。趣，通"促"，急促。

‖ 释读

桓温广开宴席，招待朝中人士，特地埋下伏兵，想借机除掉谢安和王坦之。王坦之听闻风声，大为惊恐，问谢安："该怎么办？"谢安神色镇定，冷静地对王坦之说："皇家命运之存亡，就看这一场宴会了。"要王坦之跟自己一起往前走。王坦之这时不仅内心慌乱，脸上也显露出恐惧神色。而谢安则神态自若，其脸色愈加显得安闲从容。只见他拾级而上，快步走到自己的席位，开腔吟咏，用的是洛阳书生的读书音，朗声念诵嵇康"浩浩洪流"一诗。桓温素知谢安的为人，超迈旷远，气度恢宏，若将他害死，反为不妙，于是赶紧传口令撤走伏兵。本来，王坦之和谢安齐名，经此一事，人们开始对二人的差别有所判断。

在此事件中，王坦之与谢安的表现判然有别，形成鲜明对比，自不待言。有意思的是，为何谢安要特意"作洛生咏，讽'浩浩洪流'"？

"浩浩洪流"是嵇康的诗，谁都知道嵇康慷慨就义，从容镇定；而此地是江南，谢安故意"作洛生咏"，或许可以强化嵇康的北方人身份，或许可以令人联想到嵇康无惧无畏的一身正气，或许也在暗示此处如鸿门宴暗藏杀机，等等。值得注意的是，谢安对曹魏、西晋的名士十分熟悉，为什么在此凶险关头只是念诵嵇康的诗而不是别人的作品呢？显然，他是有意引发人们对嵇康形象的联想。嵇康之死，在当年是一个引起极大舆论反弹的事件，桓温不得不有所顾忌，这才是"桓惮其旷远"的内情。

嵇康这一首"浩浩洪流"诗，有学者述其大意为："览物兴怀，思得同趣之人，相与游娱，以忘晨夕；今乃不获所愿，使我思之不已，至于悲伤也。"（刘履语，见戴明扬撰《嵇康集校注》，中华书局，2018年，第21页）联系谢安与桓温的关系，是桓温带着谢安出山的，则似可理解为谢安在劝告桓温：嵇康诗有"浩浩洪流，带我邦畿"句，这"邦畿"是我们的家园，本来可以"驾言出游，日夕忘归"，这该多好；如今弄成有如鸿门宴，只能表达"怆矣其悲"（此诗之末句）。桓温是聪明人，听着这首诗，想着嵇康被害事件的后续反应，盘算盘算，还是不杀为好。这也是谢安"作洛生咏，讽'浩浩洪流'"想要收到的效果。

《晋书·谢安传》也记载此事，时在简文帝驾崩之后，桓温以为篡权的时机到了，已经做好军事上动手的准备。设宴时，"（王）坦之甚惧，问计于（谢）安。……既见（桓）温，坦之流汗沾衣，倒执手版。安从容就席，坐定，谓温曰：'安闻诸侯有道，守在四邻，明公何须壁后置人邪？'温笑曰：'正自不能不尔耳。'遂笑语移日。"谢安机敏而淡定，化解了这一次危机。

《资治通鉴》卷一〇三将此事系于晋孝武帝宁康元年（373），并说："安与坦之，尽忠辅卫，卒安晋室。"可知，在维护"晋阼"的问题上，谢安和王坦之持同一立场，而桓温对此极为不满，欲除之而后快，这就是"欲诛谢安、王坦之"的原因。

桓温把持朝政，掌握朝中大臣的生死予夺之权，谢安对此深知内情，虚与委蛇。比如，《世说新语》雅量门第二十七则："桓宣武与郗超议芟夷朝臣，条牒既定，其夜同宿。明晨起，呼谢安、王坦之入，掷疏示之，郗犹在帐内。谢都无言，王直掷还，云：'多！'宣武取笔欲除，郗不觉窃从帐中与宣武言。谢含笑曰：'郗生可谓入幕宾也。'"大意为，桓温和郗超密议将朝中的异己铲除，列出了名单，夜里二人同睡一处。次日一早，郗超还没有起床，而桓温已经将谢安、王坦之叫进来，盼咐他们按照条牒来执行清理行动。王坦之看了名单，心直口快，说人数太多，生气地扔了回去，桓温随即拿起笔来准备删去一些，郗超听到王坦之的话，顾不了许多，从帐内钻了出来，跟桓温嘀咕了一阵。而谢安一直不发一言，见到郗超，打趣地说了一句："郗先生可真是入'幕'之宾啊。"谢安之稳重和机智，于此可见一斑。

其实，在桓温身边，谢安时时要赔小心，连对桓温的亲信郗超，也要谨慎应付，如《世说新语》雅量门第三十则："谢太傅与王文度共诣郗超，日旰未得前，王便欲去。谢曰：'不能为性命忍俄顷？'"谢安和王坦之去找郗超办事，不知道郗超是在忙着还是故意摆架子，眼看着太阳下山了，也迟迟不请二人进去，王坦之受不了，急着要走，谢安劝说："这是关乎性命的事情，还不能多忍耐一会儿？"刘孝标注释："（郗）超得宠桓温，专杀生之威。"反正，桓温不死，谢安难以大有作为。

桓温卒于373年，即这一次鸿门宴之后不久。桓温退出历史舞台，谢安这才有了在东晋历史上担纲演出的机会。

18 ＞孝武①将讲《孝经》②，谢公兄弟与诸人私庭讲习③。车武子④难苦问谢⑤，谓袁羊⑥曰："不问则德音有遗⑦，多问则重劳二谢⑧。"袁曰："必无此嫌。"车曰："何以知尔？"袁曰："何尝见明镜疲于屡照，清流惮于惠风⑨？"（言语90）

释义

①孝武：即晋孝武帝司马曜（yào），简文帝之子。

②《孝经》：儒家经典之一，提倡孝道，为孔门后学所撰。

司马氏"以孝治天下",故《孝经》在两晋时期地位崇高。

③私庭讲习:此与"朝廷讲习"相对,是私人的讲习活动。

④车武子:即车胤,字武子,东晋南平(今湖北荆州公安)人。以"勤学苦读"著称,成语"囊萤映雪"中的"囊萤"指的就是他的故事。初为桓温从事,官至吏部尚书。

⑤难苦问谢:意为多次向谢氏兄弟问难求解。难,问难;苦,一再,多次。

⑥袁羊:即袁乔,小字羊,字彦叔(一说彦升),东晋陈郡阳夏(今河南太康)人。其父袁瓖(guī),官至光禄大夫。袁乔官至龙骧将军,封湘西伯,追赠益州刺史。但《晋书·袁乔传》说袁乔先桓温而卒,据《晋书·孝武帝纪》,已确知桓温卒于晋孝武帝宁康元年(373)七月,而晋孝武帝讲《孝经》在宁康三年(375)九月九日(重阳敬老,讲究孝道),其时袁乔已殁多年,则文中的"袁羊(乔)"有误。据刘孝标注引《续晋阳秋》,当年在晋孝武帝身边讲经的有谢安、谢石和袁宏等人,则"袁羊"似应为"袁宏"之误。以下释读,径改为"袁宏",敬请垂注。

⑦德音有遗:此指遗漏聆听经书的高明之处的机会。

⑧二谢:此指谢安、谢石兄弟。

⑨惠风:温暖柔和之风。

‖ 释读

晋孝武帝将要聚集大臣讲读《孝经》,为此,谢安兄弟预作准备,先在私人庭院里召集若干人讲习一遍。车胤态度认真,多次向谢氏兄弟问难求解,事后对袁宏说:"(苦相追问,有些不好意思)可要是不问,又生怕遗漏了聆听经书高明之处的机会；多问却实在是太劳烦两位谢家才俊了。"袁宏答道："不必多虑，谢家二位都是诲人不倦的，必定不会嫌你添麻烦的。"车胤不解，问道："阁下何以知道呢？"袁宏说："既然是明镜，哪会嫌人多照几次呢；既然是清流，哪会怕温暖柔和之风轻轻吹来呢？"

刘孝标注引《续晋阳秋》，叙述这一次御前讲读《孝经》活动，参与者各有分工，谢安侍坐，陆纳、卞耽朗读，谢石、袁宏执经，车胤、王混摘句。大概因为早有预习，此次活动是相当成功的。

故事折射出谢家兄弟诲人不倦的风姿。袁宏熟悉谢安，他所说的话，应该缘于他长年的观察，可知谢家兄弟给他留下的印象甚好。而车胤因为自己"每事问"而产生某种歉意则反衬出谢家兄弟的和蔼亲切、有问必答，可视为谢氏家风。

谢安一生最重要的功业是在晋孝武帝在位期间完成的。《世说新语》夙惠门第六则记谢安在晋孝武帝还是一个孩子的时候对他的体贴："晋孝武年十二，时冬天，昼日不着复衣，但着单练衫五六重，夜则累茵褥。谢公谏曰：'圣体宜令有常。陛下昼过冷，夜过热，恐非摄养之术。'帝曰：'昼动夜静。'谢公出叹曰：'上理不减先帝。'"

尽管此时年仅十二岁，但晋孝武帝十岁登基，已经做了两年的皇帝了，这番君臣对话与"孝武将讲《孝经》"在时间上是接近的，谢安的话语有体贴之意，也暗含训诫：时值冬天，白天穿得少，夜里盖得厚，则"昼过冷，夜过热"，就常理而言，对身体不好。可是，这位小皇帝熟读《老子》，他的回答是"昼动夜静"，意为白天要活动，可以少穿衣；睡觉不活动，必须盖得厚，这是对《老子》"躁胜寒"等语（第四十五章）的引申和应用。谢安似乎没有反驳，只是面圣完毕走出大殿之后叹了一句："圣上说理的水平与先帝（简文帝）不相上下。"

无论如何，谢安与晋孝武帝的相处似有磨合的过程，但小皇帝对谢安还是很尊重的，讲读《孝经》时，谢安侍坐，就是一种长者的待遇。

⒆ 谢公时，兵厮①逋亡②，多近窜南塘③下诸舫④中。或欲求一时⑤搜索⑥，谢公不许，云："若不容置此辈，何以为京都？"（政事23）

||| **释义**

①兵厮：士兵与杂役。厮，杂役。

②逋（bū）亡：逃逸。逋，逃亡。

③南塘：地名，即建康秦淮河南塘岸。

④诸舫：即秦淮河上的众多花舫。

⑤一时：同时。

⑥搜索：此指搜捕。

||| **释读**

谢安辅政时，不少士兵和杂役逃逸（无法收编）；这些人其实大多躲藏于秦淮河的南塘岸，在众多的花舫上谋生。有人提议要将他们同时搜捕回来（以便充实军队），谢安不允许，说："如果不能将这些人容留安置，京都还算是京都吗？"

据《晋书·谢安传》，当简文帝快要驾崩之时，"（桓）温上疏荐（谢）安宜受顾命"，所谓"谢公时"，当指晋孝武帝继位后谢安辅政时期。

刘孝标注引《续晋阳秋》："自中原丧乱，民离本域，江左造创（草创阶段），豪族并兼，或客寓流离，名籍不立。（晋孝武帝）太元中（当指376—385年期间，太元年号始于376年，而谢安卒于385年），外御强氏（dī）（苻坚属于氐族），搜简民实，三吴（泛指江南）颇加澄检（清查），正其里伍（军队）。其中时有山湖遁逸，往来都邑者。后将军（谢）安方接客，时人有于坐（座）言宜纠舍藏之失者（匿藏逃逸者，应严肃治罪）。安每以厚德化物，去其烦细。又以强寇入境，不宜加动人情（添加人们的反感）。乃答之云：'卿所忧，在于客耳！然不尔，何以为京都？'言者有惭色。"这条资料，可以帮助读者了解事情的背景。换言之，此事发生在谢安的晚年，外敌入侵，军情告急，军队人数不足，而大批士兵和杂役逃入秦淮河上的花舫谋生；在此紧迫关头，谢安不愿意徒添惊扰，不同意搜捕那些逋亡之兵厮，表示要拿出经营京都应有的气度和风范来。

《晋书·谢安传》称谢安的理政风格是："德政既行，文武用命，不存小察，弘以大纲，感怀外著，人皆比之王导，谓文雅过之。"以上事例，可为佐证。

20> 谢公与人围棋，俄而①谢玄淮上信至②。看书竟，默然无言，徐向局③。客问淮上利害④，答曰："小儿辈大破贼。"意色举止，不异于常。（雅量35）

‖ **释义**

①俄而：不一会儿。

②谢玄淮上信至：谢玄报告淝水（淮上）战事的信函到了。谢玄，谢安侄子，晋孝武帝太元八年（383）十一月指挥军队与苻坚在淝水决战，获得大胜。

③局：棋盘上的黑白局势。

④淮上利害：意为淝水战事胜负如何。

释读

谢安跟客人下围棋，不一会儿，侄子谢玄报告淝水战事的信函到了。谢安将信看完，未出一声，不急不忙，脸朝棋盘，看黑白局势。客人心知有事，问淝水战事胜负如何。谢安回答："小儿辈大破前秦侵略军。"继续下棋，意态从容如故，一举一动如同无事发生一样。

刘孝标注引《续晋阳秋》："初，苻坚南寇，京师大震。谢安无惧色，方命驾出墅，与兄子玄围棋。夜还乃处分，少日皆办。破贼又无喜容。其高量如此。"这条材料先是说苻坚领前秦军队南侵，朝野闻之惊恐，而谢安此时执掌朝政，无惧无畏，从容应对，白天跟谢玄下棋，到晚上才部署作战事宜；接着说到了战事已然展开，谢安接到战报而没有喜容。这里的细节，跟《世说新语》所记载的不能完全对应而互有出入，但是，基本情况是一致的，即谢安表现出"每临大事有静气"的雅量。

《晋书·谢安传》记载：淝水大捷，喜报到来，谢安正在与客人下棋，描述与《世说新语》基本一样，不过，还补充了一个重要细节："既罢（围棋结束），还内（入内室），过户限（门槛），心喜甚，不觉屐齿之折（木屐接触地面的齿因过度用力而折断了）。"编写《晋书》的唐代史官加上一句评语："其矫情镇物如此。"上述谢安下完棋返回内室时木屐齿折的细节，《资治通鉴》卷一〇五也写到，司马光等人却删去了"其矫情镇物如此"一句。

可以说，熟悉"竹林七贤"故事的谢安，对喜怒不形于色的"魏晋风度"十分推崇，并且在日常的生活实践中付诸行动。这到底是不是一种矫情呢?《晋书》编写者的评语似是诛心之论。

附带一提，淝水大捷，谢氏家族声威大震，而当时在东晋政权也握有重权的桓氏家族心情复杂，《世说新语》尤悔门第十六则记载如下故事："桓车骑（冲）在上明（在今湖北境内）畋猎（打猎）。东信（由湖北以东的京师传来的信息）至，传淮上大捷。语左右云：'群谢年少，大破贼。'因发病薨。谈者以为此死，贤于让扬之荆。"桓冲是桓温最小的弟弟。淝水大战之时，桓温已死，而桓氏家族依然甚有权势，尤其是在长江中游地区；桓冲曾经将自己的扬州刺史一职让给了谢安，自己出任荆州刺史，这就是发生在桓、谢之间的"（桓冲）让扬之荆"的故事。按说，谢安本是桓温的人，只是没有支持桓温篡夺政权而被桓温疏远和猜疑，由此谢与桓两大家族的关系发生了微妙变化。上述桓冲听闻淝水大捷之后"因发病薨"的故事，折射出谢、桓二姓的复杂关系。《晋书·桓冲传》说："（桓）冲本疾病，加以惭耻，发病而卒，时年五十七。"桓冲之死更多的是与其患有重病有关，但是，谢氏家族尤其是年少的谢玄竟然可以取得淝水之战的胜利，是桓冲始料不及的，对这位拖着病体的荆州刺史冲击不小，故有"惭耻"之说。

谢安，大器晚成，彪炳千古。这在历史上并不多见。

《晋书·谢安传》的第一句话是"谢安，字安石，尚从弟也"，然后才说其父亲是谢裒。史官在写这篇传记时首先强调谢安是谢尚的从弟，用意很明显，意欲揭示在东晋历史上叱咤风云、与王氏家族并称的"谢"，渊源有自，其权势是从谢鲲、谢尚父子开始的，属于后起的门阀，有别于早就形成气候的王氏家族。

如果将这一关系纳入视野，就可以明白，谢鲲当年不跟从王敦谋反而站在司马氏一边，这一举动是谢氏家族的立族之本。谢安对此念念不忘，以至于在他出山之后，同样面临当初谢鲲遇到的难题时，如同谢鲲疏离王敦一样，谢安疏离了自己的恩公桓温，站在了维护司马氏政权的立场上。

忠孝节义，这些儒家的传统观念深植于谢安的内心，或许，谢安心知肚明，陈郡谢氏之所以在东晋皇朝有立足之地，完全靠谢鲲当年对司马氏的忠心。没有了这一条，谢鲲的儿子谢尚，以及谢氏族人谢奕、谢万等，不一定一早就可以出来做官，而且越做越大；没有了这一条，朝廷未必一再表示要起用谢安。正因为谢安具备明确的政治立场，故而在桓温死后，他才会独当一面，辅助司马氏，并成功抵抗前秦苻坚的入侵，成就一番轰轰烈烈的功业。

于是，就可以理解为什么谢安要精心培养他的侄儿谢玄、谢朗。他们是谢氏家族的接班人。谢安训诫侄儿，主要用儒家的那一套，比如，对前人乐广、李重的评价，是非分明，毫不含糊，以李重为优，以乐广为劣，主要看是否守住儒家的伦理底线：乐广守不住，承认了赵王伦的皇帝身份；李重守得住，拒不认同赵王伦的胡作非为。从这些事例可以看出，谢安骨子里属于儒家。

可谢安表面上又属于老庄，四十岁之前，悠游山水，吟啸度日，擅长清谈，超然世外。不可不注意，就算是过着这样的日子，谢安也在暗中用功，军事方面的、施政方面的、民生方面的，等等，他都会留心学习，否则，就难以解释他为何比他的弟弟谢万（西中郎将）更懂军事、更能治军，难以解释他为何懂得要放那些逃亡的士兵和杂役一条生路，难以解释他的施政为何很接地气。他绝对不是一位只会读书的书生，"外道内儒"是谢安的个性化标签。

有一个现象值得关注，《世说新语》的编写者敬重谢安，哪怕谢安发一次脾气，有失仪态，编写者也要为他辩护一番，这在整部书里也是极为罕见的。可是，对于谢氏家族的末流如由东晋入刘宋的谢灵运，编写者则持鄙夷态度（《世说新语》只收谢灵运故事一则，且属于负面的）。《宋书·谢灵运传》记刘宋统治者在使用谢灵运方面的态度："朝廷唯以文义处之，不以应实相许。"原因是，谢灵运其人"为性偏激，多愆礼度"，暗示谢氏家族再也出不了谢安、谢玄这样的人物。在此语境下，《世说新语》的编写者不可能赞颂谢灵运。

敬重谢安而鄙夷谢灵运，这是理解《世说新语》编写旨趣的一把钥匙。宋武帝刘裕与东晋有着太多的关联，谢安时代的东晋，不能否定，要否定的只能是已成谢氏对立面的桓氏（桓玄），刘裕就是靠起兵讨桓玄起家的。刘裕开国后，仍然尊奉

王导、谢安、谢玄等东晋名臣（《宋书·武帝纪下》），以示承
祚有序。故而，身为刘宋皇室成员的刘义庆编写《世说新语》
而崇敬谢安等人是符合当时政治环境的。可是，刘宋统治者也
明确指出，"晋室微弱，民望久移"（《宋书·武帝纪上》），所
谓"晋室微弱"，像不能成大事的谢灵运就可做代表。《世说
新语》里有不少属于"为性偏激，多愆礼度"的故事，从类名
"任诞""汰侈""俭险""惑溺"等可知，是负面的，要否定
的，《世说新语》编写者的倾向性不言而喻。